CW01654109

Heerlijke recepten voor de BROOD-MACHINE

BRIGITTE FISCHER & ROSE MARIE DONHAUSER

Deltas

Inhoud

Bijzonder gezond en lekker smakend: volkorenbrood van speltdeeg

Karnemelkbrood met gekruide olijven, een variatie op brood uit het zuiden

Door combinatie met de bakoven lukken zelfs krakelingen heel gemakkelijk.

Een zoete variant: theebrood met rozijnen

Voorwoord

Het eerste brood tout court werd omstreeks 2000 voor Christus in het oosten gebakken. De mensen kenden toen het zuurdeeg al. Onder het christendom kreeg het brood door de eucharistische gedaanteverwisseling een heilige betekenis.

Zelfgebakken brood bij het ontbijt of zelfs wakker worden door de geur van brood...? Tot nu toe stond een reeks moeizame werkfasen het genot van het verse baksel in de weg: het klaarmaken van het zuurdeeg de dag ervoor, het altijd terugkerende kneden, het in acht nemen van rustpauzes. Zelfs als het brood eindelijk in de bakoven stond, was het werk nog niet gedaan: de juiste, gelijkmatige temperatuur in de oven moest behouden worden - eventueel de hitte verlaagd of verhoogd - en niet in de laatste plaats stond een klein repertorium van af te wassen vaatwerk klaar. Het lijdt geen twijfel: zelf brood bakken kost een heleboel werk en veel tijd. Dat is ook de reden waarom er thuis almaar minder gebakken wordt, hoewel velen graag hun eigen brood met zijn heel unieke smaak zouden eten.

Eenvoudig en met succes bakken

Sinds de uitvinding van de automatische broodmachine enkele jaren geleden is het vele werk bij het bakken van brood verleden tijd: u kiest eenvoudig een broodrecept naar uw eigen smaak uit, u weegt de ingrediënten nauwkeurig af en doet deze onvermengd in de broodmachine. De rest van het werk neemt de machine van u over. U rest de voorpret van het knapperig gebakken brood. En als de bakgeur zich verspreidt, moet u misschien snel de ramen sluiten, opdat de buren het ovenverse product niet voor uw neus komen opeten.

Gezond en vol afwisseling

Brood is één van onze belangrijkste basisvoedingsstoffen. Dagelijks nuttigt elke Midden-Europeaan gemiddeld 223 gram, wat overeenstemt met ongeveer zes sneden. Omdat brood zo vaak op ons menu staat, zouden we ook precies moeten weten wat erin zit. Wie één keer erop let echt gezond brood te kopen zonder emulgatoren of aminozuren (bv. cystine of cysteïne) - toevoegmiddelen waardoor brood gemakkelijk te maken of te bewaren is - zal vaststellen dat dat helemaal niet zo goedkoop is. Het verpakte brood in de supermarkt of de standaard bakwaren met toevoegings- en conserveerstoffen zijn betaalbaar van prijs, maar bakwaren met ingrediënten uit gecontroleerde biologische teelt kosten aanzienlijk meer. Met de broodmachine hebt u de mogelijkheid met een minimum aan werk een goed en tegelijk gezond brood te bakken. U bepaalt zelf wat uw brood mag bevatten. Daarbij kunt u meer afwisselen dan de bakker om de hoek: vandaag met lijnzaadjes, morgen met cashewnoten en overmorgen met maanzaad of komijn. Door uw eigen ervaring met de broodmachine en door kleine experimenten met kruiden zult u zien en proeven dat 'ons dagelijks brood' steeds opnieuw een andere vorm kan aannemen.

Juist op tijd voor het ontbijt kunt u zichzelf en uw familie elke dag met een andere broodvariant verwennen. Iets fruitigs met kersen, iets nootachtigs met pecannoten of een klassiek toastbrood? Om het even aan welk brood u de voorkeur geeft - uw dag zal altijd goed beginnen.

Bakkers mogen alleen die toevoegmiddelen gebruiken waarvan bewezen is dat ze ongevaarlijk zijn voor de gezondheid, zoals emulgatoren, enzymen en ascorbinezuren (vitamine C). Als conserveermiddel is sorbinezuur toegestaan.

De verschillende graansoorten

Wist u dat wereldwijd elk jaar ongeveer 1,9 miljard ton graan geoogst wordt en dat brood - na vlees - de op één na belangrijkste leverancier van eiwitten is? Wat wij per jaar aan graan gebruiken, kan als volgt worden ingedeeld:

- 71 procent tarwe
- 17 procent rogge
- 6 procent maïs
- 3 procent rijst
- 2 procent haver
- 1 procent gerst, spelt, gierst en boekweit

Broodbakautomaten fascineren door hun gemakkelijk gebruik.

Hoe functioneert een broodmachine?

Het gebruik van de broodmachine is heel gemakkelijk en vergt weinig moeite. Toch moet u natuurlijk de gebruiksaanwijzing van uw toestel nauwkeurig lezen. Neem kennis van de eigenschappen, de veiligheidsvoorschriften en de grondbeginselen van de recepten.

Als u met uw toestel vertrouwd bent en praktische ervaringen met enkele types brood opgedaan hebt, zult u waarschijnlijk in een soort 'broodbakkoorts' vervallen. U zult niet alleen alle recepten van dit boek nabakken, maar ook eigen creaties samenstellen.

De keuze van het toestel

Bestudeer zeker de uitzonderlijke aanbiedingen in grote discountzaken van elektronische apparaten. Broodmachines kunt u daar vaak afgeprijsd krijgen.

Er zijn inmiddels broodmachines in verschillende prijsklassen op de markt. Ga voor de aankoop na waarvoor u uw broodmachine wilt gebruiken: zult u elke dag voor uw grote familie een brood bakken of denkt u er eerder aan af en toe uzelf 's zondags met een vers brood te verwennen? Al naargelang behoefte en eisen moet u uw eigen machine uitkiezen.

Zorg in elk geval dat u een overzicht over de verschillende toestellen krijgt. Principieel zijn er twee verschillende types: met het ene model krijgt u afgewerkte broden met een gewicht tussen 750 en 1000 gram, bij het andere kunt u een brood met een gewicht van 1500 gram bakken.

De kwaliteit moet uiteindelijk de doorslag bij uw beslissing van de aankoop geven, want alleen goede machines, die op uw behoeften zijn afgestemd, maken waar wat ze beloven. Hoeveel toestellen zijn al niet in de kelder beland, omdat ze toch niet zo praktisch waren als men zich eigenlijk had voorgesteld.

Functies en programma's

Tegenwoordig hebt u een grote keuze wat de aankoop van een broodmachine betreft. Verschillende merken hebben reeds een broodmachine in hun aanbod zoals Domo, Funai, Goldstar, Majestic, Neufunk, Panasonic, Unold,... enzovoort.

Vanzelfsprekend hebben we voor de recepten in ons boek verschillende types apparaten getest. Daarbij stelden we vast dat de toestellen verschillen in hun ontwerp en hun benamingen voor de functies en programma's. Ook de baktijden kunnen naargelang het toestel licht variëren. Het is echter gemakkelijk bij een ander type toestel de anders aangeduide toets voor dezelfde functie te herkennen.

Laat u niet door het ontwerp verblinden. Belangrijk is vooral dat de broodmachine functioneel en gebruiksvriendelijk is.

Alle broden en degen in dit boek zijn met het model SD-200 van Panasonic gebakken en grondig gekeurd. De toets- en functieaanduidingen bij de recepten zijn dus van toepassing op dit apparaat. U moet bij uw broodmachine even uw gebruiksaanwijzing nakijken om te weten welke knoppen u - analoog met onze aanduidingen - moet indrukken.

Voor een doorsnee familie van drie tot vier personen voldoet een toestel waarmee men brood tot 1000 gram kan bakken. De aanduidingen van hoeveelheid in dit boek zijn voor broden met een gewicht van ongeveer 750 gram berekend en lenen zich daarom voor dit type toestel.

Tips voor overgebleven brood

- Oud brood in de keukenmachine tot paneermeel verwerken.
- Oud brood portiegewijs laten weken en door gerechten met gehakt mengen.
- Brood in grove korrels wrijven en gebruiken om te gratineren.
- Eén tot twee dagen oud brood uit de broodmachine in hapklare blokjes snijden en gebruiken om te dippen bij een kaasfondue.
- Als u meteen kunt inschatten dat u het brood niet zult opeten: snijd het verse brood in sneetjes en vries het in.

De eerste stappen

1 Open het deksel van de broodmachine. Neem de bakvorm eruit, terwijl u het handvat naar links draait.

2 Controleer of de kneedhaak juist geïnstalleerd is. Strooi de voorgeschreven hoeveelheid droge gist erin (sommige modellen hebben een speciaal gistvak om de gist in te doen).

3 Weeg de ingrediënten voor het brood of het deeg af en doe ze onvermengd in de bakvorm. Let er bij het in dit boek beschreven toestel op dat de vloeistof er als laatste wordt bijgevoegd.

4 Zet de bakvorm met een draai naar rechts vast in het toestel en klap het deksel naar beneden.

5 Overeenkomstig de aanwijzingen van uw recept drukt u op het digitale bedieningsbord op het brood- of deegtype. Eén druk op de gekozen toets volstaat.

6 Aan de linkerkant van het bedieningspaneel kiest u tussen de verschillende programma's voor brood: snel brood, rozijnenbrood, deeg of rozijnendeeg.

Met de methode waarbij u de tijd op voorhand programmeert, kan het apparaat 's nachts bakken, terwijl u slaapt. 's Morgens vroeg hebt u dan knapperig vers brood.

7 Door het kiezen van het brood- of deegtype en van het programma verschijnt op de display de tijd waarin het brood gebakken wordt.

8 Met de toets om de tijd voor te programmeren, kunt u een langere voorlooptijd van de machine kiezen. Het eigenlijke programma om brood te bakken treedt pas na enkele uren in werking. Dat is bijvoorbeeld handig als u 's avonds de ingrediënten in de machine doet en bij het ontbijt een vers brood wilt hebben. Stel in dat geval de voorselectie voor de tijd zo in dat de machine pas na enkele uren in werking treedt. Bedraagt de in het recept aangegeven baktijd bijvoorbeeld vier uur, stel de voorselectie voor de tijd dan zo in dat de broodmachine vier uur voor uw ontbijt in werking treedt. Let er bij dit model op dat de baktijd inbegrepen is in de tijd die op de display verschijnt. Het brood is dus na afloop van de voorgeprogrammeerde tijd al klaar.

9 Druk nu op start. Het programma begint te lopen. De tijd op de display loopt af.

10 Hebt u het programma rozijnen gekozen, dan weerklinkt na een bepaalde tijd de signaaltoon van de machine en op de display verschijnt het bericht dat u ingrediënten moet toevoegen. Doe nu de extra ingrediënten (bv. korreltjes, vruchten, rozijnen, enz.) erbij en sluit het deksel weer.

11 Als het brood klaar is, hoort u opnieuw de signaaltoon. Druk op de stoptoets en trek de stekker uit het stopcontact. Draai met pannenlappen of handschoenen de bakvorm aan het handvat eruit.

12 Kantel het brood op het werkblad en laat het goed afkoelen.

Verschillen tussen de toestellen

De meeste toestellen verschillen nauwelijks wat functies betreft. Afhankelijk van de producent zijn de functies echter verschillend benoemd.

Nagenoeg alle broodmachines zijn erg gemakkelijk te bedienen. Al wat u moet doen is op de startknop duwen, nadat u alle ingrediënten in het toestel hebt gedaan.

Bakprogramma's

Deze hebben bij de verschillende producenten verschillende namen. Als u de toestellen nauwkeurig bekijkt, herkent u de synoniemen.

Toevoeging van gist

Bij ons type toestel wordt de droge gist meteen in de bakvorm gedaan. Bij andere types is aan het deksel van de automaat een gistvak aangebracht. Tijdens het kneden wordt door het openen van het vak de gist automatisch bij het deeg gevoegd.

Toevoeging van vloeistoffen

Bij ons type toestel wordt de vloeistof het laatst toegevoegd. Bij andere machines daarentegen wordt soms eerst de vloeistof in de bakvorm gedaan.

Het meest gebruikte meel is afkomstig van tarwe.

Meel, de kracht uit het koren

Meel, het hoofdbestanddeel voor het maken van broden en degen, wordt uit graankorrels gewonnen die een grote hoeveelheid voor de mens levensnoodzakelijke voedingsstoffen bevatten. Terwijl het meellichaam hoofdzakelijk uit zetmeel bestaat, is het kiemplantje rijk aan eiwitten, vet, vitaminen en mineralen. De buitenste laagjes van de korrel leveren naast vitaminen en mineralen grote hoeveelheden belangrijke ballaststoffen. Wie twijfelt dan nog aan graan als basisbouwsteen van onze voeding?

Graanproducten zijn dus in geen geval alleen leverancier van koolhydraten, zoals ze vaak vereenvoudigend genoemd worden, maar waardevolle bestanddelen van ons menu.

Tarwe, de oudste cultuurplant van de mensheid, geldt in de christelijke traditie als symbool voor geboorte en dood. In het Oude Griekenland was de aar een teken van vruchtbaarheid.

Welke meelsoorten zijn geschikt?

Vandaag de dag wordt nog bijna uitsluitend tarwe- of roggebrood gebakken. Enkele andere graansoorten zijn - tenminste bij de meeste bakkers - bijna in vergetelheid geraakt, hoewel ze minstens even gezond zijn.

Tarwe

Van de vele verschillende meelsoorten is tarwebloem het meest geliefde meel om te bakken. Het heeft een bijzonder hoog gehalte aan gluten, die voor de elastische aard en de goede structuur van elk bakproduct verantwoordelijk zijn. Deze gluten bestaan uit twee soorten eiwitten, het gliadine en het glutine. Tijdens het bakken zwellen ze op en verbinden zich tot gluten, die het deeg soepel maken en tegelijkertijd samenhouden.

Rogge

Ook het roggemeel heeft in de bakkerij zijn deugdelijkheid bewezen. Omdat het echter minder gluten bevat, wordt het bij voorkeur met zuurdeeg of met tarwemeel vermengd.

Rogge hoort van nature thuis op grondsoorten waar geen tarweteelt mogelijk is. Het kan ook groeien op minder vruchtbare grond.

Spelt

Spelt is een oude tarwesoort met een soepele aar en de vrucht is door de graanhulzen stevig omsloten. Ook spelt bevat de voor het bakken belangrijke gluten en is bovendien bijzonder rijk aan mineralen en vitaminen.

Het belang van spelt nam af toen het door de gemakkelijker aan te planten en meer winstgevende tarwe werd verdrongen.

Haver, gerst, maïs, boekweit

Deze graansoorten zijn vooral in de keuken van het volwaardige voedsel te vinden. Op basis van hun geringe aantal gluten kunnen ze nooit alleen voor het bakken van brood gebruikt worden, maar moeten ze altijd met glutenrijke soorten vermengd worden. Vele suggesties voor 'mengsels van het huis' vindt u in het onderdeel met recepten.

De meeltypes

Tarwebloem is de meest gangbare en lichtste meelsoort, maar zeer arm aan voedingsvezels. Het grote voordeel is de lange houdbaarheid.

Tarwemeel is een graadje grover dan tarwebloem. Het is een mengeling van 25 % volkorentarwemeel en 75 % tarwebloem. Het wordt gebruikt om lichtbruin brood te bakken.

Fijn volkorentarwemeel is een betrekkelijk fijne meelsoort en volwaardiger doordat de hele korrel erin verwerkt is. Het is nog gezonder en wordt vooral voor grove, donkere broodwaren gebruikt.

Grof volkorentarwemeel wordt van de volle korrel gemaakt en bevat alle belangrijke bestanddelen. Bij het bakken wordt het meestal met zuurdeeg verwerkt of met andere meelsoorten vermengd.

Roggemeel is niet hetzelfde als tarwemeel. Rogge heeft een meer uitgesproken smaak en heeft een andere glutenstructuur.

Fijn volkorenroggemeel wordt gemaakt van de volle korrel en is goed fijngemalen. Het is geschikt voor roggebrood of gemengd brood maar moet gemengd worden met 25 % tarwebloem.

Speltmeel is een meelsoort die gemaakt wordt met een aan de tarwe verwante graansoort. Het wordt vaak gebruikt voor het maken van Ardeens brood.

Grahammeel dankt zijn naam aan de Amerikaanse dokter Graham die deze meelsoort gebruikte in dieetbrood zonder zout. Het wordt van grove tarwe en rogge gemaakt.

Op bladzijde 96 staat vermeld waar u de verschillende meelsoorten kunt verkrijgen.

Volgens het vermalingspercentage worden verschillende soorten meel onderscheiden: melen met een laag vermalingspercentage zijn lichter en rijker aan zetmeel, melen met een hoger vermalingspercentage rijker aan eiwitten, ballaststoffen en mineralen.

Brood bestaat niet uit meel alleen

Hoe vaker u bakt, hoe meer varianten u wilt uitproberen: een ander type, een ander graan, waarom ook niet eens volledige korrels erbij voegen?

Om brood te maken kunnen naast graanproducten ook water, rijsmiddelen, zout, vet, suiker, melk en/of melkproducten, aardappelgewassen, kruiden, gedroogde vruchten, oliezaden (bv. lijnzaad, hazel- of walnoten), kiemen en bakpoeder gebruikt worden.

Om het deeg te laten rijzen worden bakgist en zuurdegen toegevoegd. Ze brengen gistings- en verzuringsprocessen op gang. Het zuurdeeg heeft bovendien de taak aromastoffen op te bouwen en het bakvermogen van de roggemelen en het roggeschroot te verzekeren.

Volledige korrels

In de winkel worden mengelingen van volledige korrels aangeboden, vaak als vijfgranen- of zevengranenmengeling. Doe daarvan niet meer dan 50 tot 70 gram in de broodmachine, want anders wordt de machine bij de verwerking overbelast. In principe zou u de korrels een dag tevoren in de week moeten zetten.

Graanschroot

Schroot verkrijgt men na de eerste grove vermalingsfase van volledige korrels. Het kan uit alle gangbare graansoorten gewonnen worden en is een welkome aanvulling in het baksel.

Vlokken

Alle soorten vlokken, zoals haver- of tarwevlokken, zijn geschikt voor het bakken met de broodmachine. Let er echter op niet meer dan ongeveer 70 gram ervan toe te voegen, omdat u anders een 'vlokkenbrood' krijgt. Wanneer u bakt met vlokken, moet u net zoals bij het bakken met volledige korrels, de vlokken op voorhand laten weken. Hierdoor krijgt u een groter en luchtiger brood en zal het brood langer te bewaren zijn.

Haver wordt in Midden-Europa sinds de bronstijd verbouwd. Vooral in de Germaanse keuken waren de havermoutpap en de 'havergort' bij arme mensen dagelijkse kost.

Gekonfijte vruchten en noten zijn slechts een kleine selectie uit het lekkers dat u kunt toevoegen om heerlijke broden te verkrijgen.

Wat u aan het brood extra kunt toevoegen

Als u uw eigen brood samenstelt, mag de toevoeging van vruchten, zaden en noten niet meer dan 50 (meel) tot 70 (bloem) gram bedragen, opdat u het mechanisme van de machine niet overbelast. Ook moet u de granen of graanmengelingen 's nachts in de week zetten, zodat ze een beetje opzwellen en zachter worden.

Bij erg sappige of waterhoudende vruchten en groenten moet u de hoeveelheid water of melk verminderen. Druk in ieder geval de vruchten of groenten goed uit voor u ze in de broodmachine doet.

Wat u in geen geval bij uw brood mag voegen, zijn chemische conserveermiddelen, schimmelwerende middelen of oxiderende toevoegmiddelen.

Vruchten

Om toe te voegen zijn vooral geschikt: kleingesneden, ontpitte kersen en pruimen, stukjes appel, bananen en gedroogde vruchten zoals vijgen, abrikozen, dadels, krenten of sultanarozijnen.

Groenten

Voeg bij uw brood geschilde, ontpitte komkommers of courgettes, tomatenpuree en -sap, worteltjes, paprika's, chili's, paprikapuree, prei, lente-uitjes, vegetarische pasta's of ander vegetarisch beleg, groentesap, uien of knoflook.

Zaden en granen

Mengt u uw variaties zelf of grijpt u naar kant-en-klare mengsels, zoals een vijfgranenmengsel, zevengranenmengsel of meergranenmengsel? Daarbij passen goed zonnebloempitten, lijnzaad, maanzaad of sesamzaad.

Noten

Hier zijn bijna alle soorten geschikt: amandelen, paranoten, pecannoten, aardnoten, walnoten, pijnpitten, pistachenoten, cashewnoten of macademiaannoten. Een ongewoon idee: voeg er een beetje studentenhaver bij!

Worst en kaas

Kies hartige, niet te vette soorten, bv. salami, chorizoworstjes, gerookte en gekookte ham of geraspte kaas. Om te vermijden dat de worst of kaas bij het bakken aan de bakvorm gaat kleven, kunt u best als volgt te werk gaan. Haal het deeg na de tweede kneding uit de machine en verdeel het in een groot en een kleiner deel. Neem het grote deel en meng de worst eronder. Rol vervolgens het kleinste deel van het deeg uit en leg het mengsel met de worst of kaas er middenin. Pak het mengsel in met het opengerolde deeg en leg het opnieuw in de broodmachine.

Brood verfijnd gekruid...

Brood moet niet elke dag hetzelfde smaken. Met een zekere nieuwsgierigheid naar variatie in smaak kunt u met kruiden steeds nieuwe nuances te voorschijn toveren. Bovendien zal uw maag u erg dankbaar zijn, want kruiden zijn niet alleen smakelijk, maar bevorderen ook de spijsvertering en helpen bij winderigheid. Een weldoende werking beloven vooral venkel en karwij. Venkel wordt in de natuurgeneeskunde ook traditioneel tegen hoesten en verkoudheden gebruikt. Maar natuurlijk kunt u ook heel andere kruiden kopen, bv. anijszaad, koriander, dragon, dille, bonenkruid of tijm.

Verschillende kruiden en specerijen hebben hun heilzame werking al bewezen. Tijm en anijs, bijvoorbeeld, remmen ontstekingen af, rozemarijn bevordert de bloedsomloop.

Let erop de kruiden in hun geheel te kopen. Pas bij het pletten of fijndrukken van zaden en korrels komt het volle aroma tot zijn recht en de etherische oliën komen beter vrij. Koopt u de kruiden al fijngehakt of gemalen, dan hebben ze meestal minder aromatische werking.

Koop de kruiden principieel alleen in kleine hoeveelheden. Omdat het aroma van veel kruiden vervliegt als ze lange tijd bewaard worden, moet u de kruiden in principe slechts in kleine hoeveelheden thuis bewaren. Vaak kunt u ze ook per gram bij de speciaalzaak verkrijgen.

...en langer houdbaar

De etherische oliën die vele kruiden bevatten, kunnen de houdbaarheidsdatum van broden verlengen. In ieder geval mag u met de kruiden niet verkwistend omgaan: voeg gemiddeld per 750 gram brood maximaal één tot twee theelepels kruiden toe.

Kruidentips

Vermijd zoveel mogelijk een wilde mengeling van kruiden in uw broden. De smaak wordt er daardoor niet beter op. Verdeel de kruiden liever over meerdere broden.

- Steranijs: 1/2 tot 1 TL smaakt niet alleen lekker, maar is ook goed voor de spijsvertering.
- Karwijzaden: ze verlenen uw brood een smaak die aan de Arabische of Indische keuken doet denken. Gebruik er 1 TL van.
- Plet 1 TL mosterdzaadjes met 1 TL olijfolie in de vijzelstamper: mosterdolie doodt kiemen en verlengt de houdbaarheid van de gerechten.
- Versgeraspte of gedroogde gember (1 TL per brood) brengt de spijsvertering op gang.
- Doe 1/2 TL cayennepeper in uw brood; de stof capcaïcine erin veroorzaakt de scherpe smaak.
- Peper: doe 2 TL zwarte of witte peperkorrels in een zeef en dompel ze 1/2 minuut lang in kokend water (daardoor wordt de peper een beetje minder scherp). Dep met keukenpapier droog en plet in de vijzelstamper. Groene peper is iets milder en kan ingemaakt of gedroogd gebruikt worden.
- Jamaïcapeper of piment is weliswaar verwant aan peper, maar doet qua smaak meer aan kruidnagel denken. Plet de volledige korrels in de vijzelstamper.

• Doe 1/4 TL versgeraspte bourbonvanille in uw brood. Dit is weliswaar duur als kunstmatig vanillearoma, maar de smaak zal u volledig schadeloosstellen.

• Tijm geldt als een natuurlijk antibioticum. Vele natuurlijke hoestmiddelen bevatten dit kruid.

Kwaliteit voor kwantiteit

U zult snel merken dat u broden van verschillende grootte krijgt. Dat is echter niet aan uw broodbakmachine te wijten, maar op de eerste plaats aan de ingrediënten, met name de melen. Hoe donkerder de meelsoorten, hoe kleiner het brood meestal wordt. Het vertoont dan een sterk verdichte structuur. Een groot brood is dus geen kenmerk van kwaliteit, net zomin als een klein brood een teken van slechte kwaliteit is. Wees dus niet teleurgesteld als uw brood maar half zo groot is als de bakvorm: kwaliteit gaat voor kwantiteit.

De meest voorkomende bakfouten

Is het bakresultaat toch nog onbevredigend, dan is meestal een verkeerde verhouding tussen vloeistof en meel de oorzaak. Is het brood te erg ingezakt of is het te veel gerezen, dan komt dat in beide gevallen meestal doordat u te veel vloeistof of te veel droge gist hebt gebruikt. Kleverigheid van brood is meestal toe te schrijven aan te weinig meel en te veel vloeistof. Dat kan al bij geringe afwijking van de aanduidingen van hoeveelheid voorkomen. Wees daarom bij het afmeten van de hoeveelheden bijzonder nauwkeurig!

Let erop dat het deeg een gelijkmatige structuur vertoont en een zijdeachtig oppervlak heeft.

De juiste manier van bewaren

Brood - om het even of het gekocht of zelfgebakken is - bewaart men het best in een goed geluchte voorraadkast of provisiekamer. Alleen op zeer warme dagen kan men het tijdelijk in de koelkast bewaren. Overigens: zelfgebakken brood beschimmelt niet zo snel.

Eersteklas ingrediënten zijn een voorwaarde voor goed brood.

Baklexicon van A tot Z

Aansnijden

In de gebruiksaanwijzingen van de meest uiteenlopende broodmachines wordt een afkoeltijd van ongeveer 20 minuten voor een brood aanbevolen. Uit eigen ervaring zouden we een langere wachttijd van minstens een uur willen aanbevelen. Het brood is kort nadat u het uit de bakvorm hebt gekanteld nog te zacht om in mooie, gelijkmatige sneden te kunnen snijden.

Afmeten

De ingrediënten moeten erg nauwkeurig afgemeten worden, want een beetje te veel of te weinig kan de kansen op een goed bakresultaat verminderen.

Bakferment

Een droge, korrelige substantie op basis van graan en honing, die in reform- en natuurwinkels verkrijgbaar is.

Het is volkomen normaal dat het brood een half uur nadat u het uit de machine hebt genomen nog altijd geen stevige korst heeft. Bij sommige broden duurt de vorming van de korst bijna een uur.

Bakmix, kant-en-klaar

Dit kan in de broodmachine gebruikt worden. Bakmixen kunt u in reformwinkels en intussen ook al in veel supermarkten krijgen. Ze worden door verschillende soorten firma's gemaakt en bestaan in verschillende samenstellingen. Probeer uit welke u het beste smaakt.

Bakpoeder

In principe kan bakpoeder gebruikt worden. Voor mensen die niet van bakpoeder houden of er allergisch op reageren, zijn broden van zuurdeeg aan te bevelen. In de recepten wordt echter doorgaans droge gist gebruikt, die bijzonder gemakkelijk te bewaren en te doseren is.

Baktijd, einde van de

Zodra de signaaltoon klinkt, is het brood klaar. In principe zou de broodmachine zo geprogrammeerd moeten zijn dat u op de stoptoets kunt drukken en de stekker uittrekken. Als dat een keer niet het geval is (omdat het brood bijvoorbeeld een uur voordat u opstaat klaar is), kan het in uitzonderlijke gevallen voorkomen dat het afgewerkte brood zich iets moeilijker uit de vorm laat losmaken.

Bakvorm

Het brood uit onze machine is naar het voorbeeld van een doorsnee vierkant brood gemaakt. Er zijn ook machines die een ronde bakvorm hebben.

Droge gist (zie gist)

Eieren

Door toevoeging van eieren worden brood en gebak soepeler. In onze recepten gebruiken we in principe middelgrote eieren. Bij een voorgeprogrammeerde tijd van acht tot dertien uur mag men echter geen eieren toevoegen.

Gist

Een rijsmiddel dat brood en gebak ook soepeler maakt. Gist is een kleine schimmel die vochtigheid en de juiste temperatuur nodig heeft om voedingsstoffen te doen rijzen. De optimale ontwikkeling van de gistschimmel vindt plaats bij een temperatuur van 22 tot 32°C, vanaf 45°C sterft de schimmel af.
De meeste broodrecepten voor broodmachines worden met droge gist gemaakt, die erg eenvoudig te bewaren en te gebruiken is. Omdat het voor de ontwikkeling van de gistbacteriën niet bevorderlijk is dat de gist meteen in het begin met zout in aanraking komt, moet u de droge gist op de bodem van de broodmachine strooien.

Het zuurdeeg was in het vroege jodendom een symbool van geestelijke verdorvenheid en van onreinheid. Offerbroden die men de goden aanbood, moesten daarom ongedesemd zijn ('het feest van de ongedesemde broden').

Als u gist die u ingevroren hebt, gebruikt om te bakken, moet u zich ervan vergewissen dat de gist helemaal ontdooid is. Anders kan het brood mislukken.

Het zout en de suiker voegt u het beste helemaal als laatste bij het meel.
U kunt echter ook gewone gist gebruiken: doe die in kleine stukjes als laatste ingrediënt in de broodmachine. Omdat de gist niet met het zout in aanraking mag komen, moet u, indien u verse gist gebruikt, het zout eerst in de broodmachine doen - dit in tegenstelling tot de aanwijzingen die in de recepten gegeven worden.

Ingrediënten, temperatuur

De ingrediënten waarmee het brood gebakken wordt, moeten op kamertemperatuur zijn.
Als u met de voorgeprogrammeerde tijd werkt, kunt u de ingrediënten ook meteen rechtstreeks uit de koelkast in de broodmachine doen, want tegen het begin van het bakken nemen de ingrediënten kamertemperatuur aan.

Kamertemperatuur

Uw zelfgemaakte broden zullen het best lukken als u de broodmachine bij een gemiddelde kamertemperatuur van ongeveer 18 tot 24°C in werking stelt.

Maataanduidingen

Alle maataanduidingen in de recepten hierna zijn als volgt afgekort: TL staat voor een afgestreken theelepel en EL voor een afgestreken eetlepel.
Als u met een machine van hetzelfde type als het onze bakt, kunt u ook de bijgeleverde maatlepels gebruiken.

Onderhoud

De broodmachine moet volgens de gebruiksaanwijzing regelmatig grondig gereinigd worden.
De afzonderlijke onderdelen mogen in geen geval in de vaatwasser gezet worden.

Suiker

Suiker is een voedingsstof voor de gistbacteriën en hoort daarom in elk gistbrood of -gebak. U kunt het echter naar believen ook door ahornstroop, honing, suikerbietensap of bruine suiker vervangen.

Tijd, hoe op voorhand programmeren?

Met de knop om de tijd voor te selecteren kunt u uw machine zo programmeren dat het bakproces pas enkele uren later begint, wat het voordeel heeft dat u bijvoorbeeld niet midden in de nacht moet opstaan om de broodmachine aan te zetten.
Als u voor uw brood levensmiddelen gebruikt die gemakkelijk bederven, zoals vloeibaar zuurdeeg, gesneden fruit en groenten of melkproducten, dan mag u de broodmachine niet te lang tevoren voorprogrammeren.

Programmeer 's avonds het apparaat op 5 uur 's morgens en 's middags op 16 uur. Zo heeft het brood tot het ontbijt of tot het avondmaal genoeg tijd om af te koelen.

Toevoeging van noten en vruchten

U kunt door uw brood ook verschillende noten of vruchten mengen. Als u noten meteen in het begin in de machine doet, beschadigen ze uw bakvorm. Daarom is het erg belangrijk dat u de noten pas na de tweede kneding toevoegt.

Veelsoortigheid in brood

Om uw broodmachine optimaal te benutten en er veel plezier aan te beleven zou u telkens weer nieuwe broodvarianten moeten bakken. U kunt bijvoorbeeld 's avonds het brood voor het ontbijt voorprogrammeren.

Vetten

Ze worden in de vorm van boter, margarine of olie toegevoegd. Vetten geven het gebak niet alleen een bijzondere smaak, maar versoepelen het deeg ook, waardoor het bakproduct qua structuur fijner en voedingsfysiologisch waardevoller wordt. Let erop dat u de aangegeven maten van de vetten goed respecteert.

Volkorenbroden bevatten in tegenstelling tot andere broden de buitenste laagjes en het kiemplantje van de korrel. Ze hebben daarom een hogere verzadigde waarde dan lichte broden.

Volkorenbroden

Broden die helemaal of overwegend uit volkorenmeel bestaan, zijn door hun vastere deegstructuur vaak maar half zo groot als bv. broden van tarwemeel. Ze zijn tot 12 dagen houdbaar als ze op de juiste manier worden bewaard.

Zout

Zout geeft het deeg een goede smaak en verstevigt het kruim van het brood. Let erop dat zout niet met gist in aanraking komt, want het remt de bakeigenschappen van de gistbacteriën.

Zuurdeeg

Met de broodmachine tovert u in een handomdraai uw eigen gezonde brood te voorschijn, met precies die ingrediënten die u lekker vindt.

Zuurdeeg maakt zware degen, zoals roggedegen, soepeler. De licht zure smaak wordt door het gistingsproces van azijn- en melkzuurbacteriën opgewekt. Kant-en-klaar zuurdeeg vindt u bij de bakker of in de reformwinkel. Voor de verschillende zuurdeegrecepten in dit boek hebben we vloeibaar, kant-en-klaar zuurdeeg en gedroogde extracten gebruikt.

Zelf zuurdeeg maken

1/2 blokje (21 g) verse gist in een schotel kruimelen en 400 ml karnemelk toevoegen. Dat mengsel roeren tot de gist opgelost is. 300 g roggemeel toevoegen en het geheel flink door elkaar roeren. De schotel met een keukenhanddoek afdekken en het zuurdeeg drie tot vijf dagen op kamertemperatuur laten rusten.

Richtlijn bij de recepten

Alle hierna volgende broodrecepten zijn voor een brood met een gewicht van ongeveer 750 gram (in gebakken toestand) berekend. Afhankelijk van de ingrediënten kan het brood echter iets groter of kleiner uitvallen.

Volgende afkortingen worden gebruikt:

EL	=	eetlepel	l	=	liter
TL	=	theelepel	ml	=	milliliter
g	=	gram			

Om de kans op een goed resultaat te vergroten, is het erg belangrijk dat u de aangegeven maten steeds respecteert. Voor de maataanduidingen van gist, suiker, zout, olie en boter kunnen we de volgende hoeveelheden geven:

1 TL gist	=	4 g	1 TL suiker	=	10 g
1 1/2 TL gist	=	6 g	1 TL zout	=	8 g
1 EL olie	=	10 g	1 EL boter	=	15 g

Let er zeker op dat u de ingrediënten altijd in de in het recept aangegeven volgorde in de broodmachine doet.

Gemengde broden

Het Grahambrood is genoemd naar de Amerikaanse dokter Samuel Graham (1794-1815). Het oorspronkelijke recept bevatte geen gist en geen zout.

Grahambrood

BROOD/DEEGTYPE normaal
PROGRAMMA brood

Ingrediënten

1½ TL droge gist
150 g Grahammeel
300 g tarwemeel
50 g geweekt tarweschroot
1 TL suiker
1 TL zout
1 EL olie of boter
320 ml water

Bij Grahambrood passen: kaas en ham, broodbeleg, marmelade en woudhoning. Ook *obazda* (zie bladzijde 29) smaakt er goed bij.

Boerenbrood uit Schleswig-Holstein

BROOD/DEEGTYPE normaal
PROGRAMMA brood

Ingrediënten

1 TL droge gist
300 g fijn volkorentarwemeel
150 g roggemeel
1 TL suiker of honing
1 TL zout
1 EL fijngemaakte karwij
1 EL boter
20 g gehakte hazelnoten
150 g magere yoghurt
1 TL balsamicoazijn
170 ml water

Bij het boerenbrood uit Schleswig-Holstein passen: vissalades, bv. *maatjessalade* (zie bladzijde 29), gerookte viswaren, soepen.

Roggebrood met lijnzaad

BROOD/DEEGTYPE normaal
PROGRAMMA brood

Ingrediënten

1½ TL droge gist
350 g fijn volkorentarwemeel
150 g volkoren roggemeel
450 g geweekt roggeschroot
1 TL bakpoeder
1 EL suikerstroop
1 TL balsamicoazijn
1 TL middelscherpe mosterd
1 TL karwijpoeder
1½ TL zout
2 EL distelolie
2 EL lijnzaad
1 EL pompoenpitten
3 EL vloeibaar zuurdeeg
320 ml water

Bij roggebrood met lijnzaad passen: eiersalade, bonte groente- en bladsalade, verschillende botermengsels. *Gemarineerde stukjes paprika* (zie bladzijde 31) smaken er bijzonder goed bij. Zo ook stevig broodbeleg en originele soepen, bv. de *koude groentesoep uit Spanje* (zie bladzijde 30).

Tarwebrood met maïs

BROOD/DEEGTYPE normaal
PROGRAMMA brood

Ingrediënten

1 TL droge gist
3 EL zonnebloemolie
1 ei
3 EL kwark met een vetgehalte van 20%
1 TL zeezout
1 mespunt saffraan
300 g tarwemeel
100 g maïsgriesmeel
100 ml water
150 ml melk

Bij tarwebrood met maïs passen: vegetarisch broodbeleg, kwark, ongerijpte kaas, vleessalade, salades en soepen of een plantaardig vet uit de reformwinkel. De *bonte salade van kaas en worst* (zie bladzijde 30) smaakt er bijzonder goed bij.

Meergranenbrood

BROOD/DEEGTYPE normaal
PROGRAMMA brood

Ingrediënten

1½ TL droge gist
4 EL meergranenmengsel
300 g tarwebloem
180 g roggemeel
1 EL suiker
1 TL zout
1 EL boter
300 ml water

Bij het meergranenbrood passen: verschillende vlees-, vis- of groentesalades, krachtige soepen.

Vijfgranenbrood met zonnebloempitten

BROOD/DEEGTYPE normaal
PROGRAMMA brood

Ingrediënten

1 TL droge gist
4 EL vijfgranenmengsel
320 g tarwebloem
180 g roggemeel
20 g zonnebloempitten
1 EL suiker
1 TL zout
1 EL boter
2 TL truffelolie
200 ml water
100 g magere yoghurt

Bij het meergranenbrood kunt u de meelverhoudingen ten gunste van het roggemeel variëren. De koude groentesoep uit Spanje (zie bladzijde 30) smaakt bijzonder lekker bij het meergranenbrood.

De fijngemaakte vliesjes en kiemplantjes die bij het pellen van de volledige graankorrel overblijven noemt men zemelen. Ze bevatten bijzonder veel mineralen en vitaminen.

Rechts: brood met wijn uit de Palts smaakt erg lekker met een stevige garnering en een glas goede wijn.

Bij het vijfgranenbrood passen: pittig broodbeleg, chocoladepasta, gemengde bijenhoning en marmelade. Salades en soepen smaken er heel goed bij.

Zemelenbrood

BROOD/DEEGTYPE normaal
PROGRAMMA brood

Ingrediënten

1½ TL droge gist
300 g fijn volkorentarwemeel
150 g tarwezemelen
50 g tarwebloem
1 TL suiker
1 TL zout
150 g karnemelk
150 ml water

Bij het zemelenbrood passen: pruimenmoes, beleg van droge vruchten, honing (bv. acaciahoning) of een romige groentesoep. *Kaassoep uit Italië* (zie bladzijde 32) smaakt er erg goed bij.

Gemengd brood met rogge

BROOD/DEEGTYPE normaal
PROGRAMMA brood

Ingrediënten

1½ TL droge gist
300 g tarwebloem
150 g volkoren roggemeel
1 TL suiker
1 TL zout
1 EL olie
150 g magere yoghurt
150 ml water

Bij gemengd brood met rogge passen: gebraden of gekookte worst, groentegerechten met veel saus. Ook vegetarisch broodbeleg smaakt er bijzonder goed bij.

Brood met wijn uit de Palts

BROOD/DEEGTYPE normaal
PROGRAMMA brood

Ingrediënten

1½ TL droge gist
250 g tarwebloem
250 g volkoren roggemeel
1½ TL zout
1 TL bruine suiker
30 g zonnebloempitten
20 g gehakte walnoten
1 EL plantaardige olie
140 ml witte wijn uit de Palts
160 ml water
1 EL balsamicoazijn

Bij het brood met wijn uit de Palts passen: goed gekoelde most of appelwijn, rauwe ham, een kaasschotel.

Gemengd brood

BROOD/DEEGTYPE normaal
PROGRAMMA brood

Ingrediënten

$1^1/_2$ TL droge gist
250 g tarwebloem
100 g fijn volkorentarwemeel
100 g roggemeel
1 TL suiker
1 TL zout
30 g pompoenpitten
1 EL boter
150 g magere yoghurt
210 ml water

Bij het gemengd brood passen: verschillende soorten boter, marmelades, gemengde bijenhoning. *Garnalen in hete knoflookolie* (zie bladzijde 32) en *gegratineerde spinazie* (zie bladzijde 33) smaken er bijzonder goed bij.

Zonnebloempitten zijn door hun hoog gehalte aan linolzuren voedingsfysiologisch uiterst hoogwaardig. Indien u 4 eetlepels in het zonnebloembrood te weinig vindt, verhoog dan bij wijze van proef de hoeveelheid.

Zonnebloembrood

BROOD/DEEGTYPE normaal
PROGRAMMA brood

Ingrediënten

1 TL droge gist
200 g tarwebloem
150 g tarwemeel
100 g fijn volkorentarwemeel
1 TL suiker
1 TL zout
1 EL olie
4 EL zonnebloempitten
320 ml water

Tip: Rooster de pitten naar believen lichtjes in een niet ingevette pan en doe ze dan pas in de broodmachine.

Bij zonnebloembrood passen: kruidenkwark, pindakaas, boter en verse kruiden, verschillende soorten marmelade. *Kaas met granen* (zie bladzijde 33) smaakt er heel lekker bij.

Gemengd tarwebrood

BROOD/DEEGTYPE normaal
PROGRAMMA brood

Ingrediënten

1 TL droge gist
200 g tarwebloem
150 g fijn volkorentarwemeel
100 g volkoren roggemeel
1 TL bruine suiker
1 TL zout
1 EL olie
150 g magere yoghurt
160 ml water
1 EL balsamicoazijn

Bij het gemengd tarwebrood passen: rammenas, radijsjes, bonte salades, kaantjes, boter en kaas.

Dit past bij gemengde broden

Obazda

Past bijzonder goed bij *Grahambrood* (zie bladzijde 24).

Ingrediënten voor 4 personen

500 g rijpe camembert
4 EL room
50 g boter op kamertemperatuur
1 kleine ui
zout
zwarte peper
1 mespunt paprikapoeder (zoete variant)

20 minuten zonder koeltijd
Calorieën: 498 kcal/persoon

Bereiding

1. De camembert kleinsnijden en in een schaal met room en boter tot een crème roeren.
2. De uien pellen, in fijne blokjes snijden en door de kaascrème mengen. Met zout en peper kruiden. Een schotel vullen met de obazda, afdekken en minstens een uur koel zetten. Voor het serveren met paprikapoeder bestrooien.

Bijzondere tip: De obazda is een specialiteit uit Beieren die in geen enkele biertuin ontbreekt.

Maatjessalade

Past zeer goed bij *boerenbrood uit Schleswig-Holstein* (zie bladzijde 24).

Ingrediënten voor 4 personen

6 gebruiksklare maatjesfilets
200 g rode biet (uit een pot)
2 kleine appelen (Boskoop)
2 augurken in het zuur
1 ui
400 g zure room
zwarte peper, zout
1 snufje suiker

30 minuten
Calorieën: 421 kcal/persoon

Bereiding

1. De maatjes met koud water afspoelen, droogdeppen en overlangs in 2 cm brede repen snijden. De rode biet in reepjes snijden.
2. De appelen schillen, van hun klokhuis ontdoen en in kleine stukjes snijden.
3. De zure augurken in reepjes snijden en de ui erbij voegen.
4. In een schaal de zure room met de klaargemaakte ingrediënten luchtig vermengen.
5. Met zout, peper en suiker op smaak brengen.

Het maatje (Nederlandse 'maatjesharing') is een jonge, nog niet geslachtsrijpe haring. Deze delicatesse is vooral bekend aan de oostkust van Schotland en Ierland.

Natuurlijk smaakt de koude groentesoep ook uitstekend bij andere broodsoorten, bv. bij het roggebrood met lijnzaad of bij het boerenbrood uit Schleswig-Holstein (zie bladzijde 24 voor beide).

Koude groentesoep uit Spanje

Past bijzonder goed bij *meergranenbrood* (zie bladzijde 25).

Ingrediënten voor 4 personen

1 kg tomaten
2 rode paprika's
1 groene paprika
1 ui
2 teentjes knoflook
4 sneden wittebrood
zout
zwarte peper
6 EL olijfolie
5 EL azijn
100 g olijven met een paprikavulling

◔ 40 minuten zonder koeltijd
Calorieën: 346 kcal/persoon

Bereiding

1. Driekwart van de tomaten grof snijden. De rest blancheren, pellen, ontpitten en in kleine blokjes snijden.
2. De rode paprika's schoonmaken, halveren, ontpitten en in grove stukken snijden. De groene paprika schoonmaken, halveren, ontpitten en in kleine blokjes snijden.
3. De ui pellen en fijnhakken. De teentjes knoflook pellen en met een beetje zout in de vijzelstamper fijnmaken. De korst van de sneden wittebrood verwijderen en de sneden in kleine stukjes snijden.
4. Met een keukenmachine tomaten, stukjes paprika, knoflook, wittebrood, olijfolie en azijn fijnpureren. Door een zeef doen en met zout en peper op smaak brengen. Afdekken en ongeveer 2 uur koud zetten.
5. De stukjes paprika en tomaat, de olijven en ook de stukjes ui bij de koude soep voegen.

Bijzondere tip: Sommige mensen krijgen van groene paprika oprispingen. In dat geval kunt u ook een gele vrucht nemen. Bovendien is de soep warm ook lekker.

Bonte salade van kaas en worst

Past zeer goed bij *tarwebrood met maïs* (zie bladzijde 25).

Ingrediënten voor 4 personen

150 g vleesworst
150 g kaas in plakjes
½ komkommer
4 kleine tomaten
1 grote ui
5 EL plantaardige olie

4 EL azijn

zout

zwarte peper

1 bosje bieslook

30 minuten
Calorieën: 399 kcal/persoon

Bereiding

1. De worst en de kaas in dunne reepjes snijden. De komkommer schillen, in de lengte halveren en dwars in dunne schijfjes snijden.
2. De tomaten wassen en in vieren snijden. De ui pellen, halveren en in reepjes snijden.
3. Olie, azijn, zout en peper tot een marinade roeren. Samen met de klaargemaakte ingrediënten en de rondjes bieslook luchtig vermengen. Nogmaals op smaak brengen en serveren.

Gemarineerde stukjes paprika

Passen bijzonder goed bij *roggebrood met lijnzaad* (zie bladzijde 24).

Ingrediënten voor 4 personen

4 paprika's in verschillende kleuren

1 ui

6 EL olijfolie

4 EL balsamicoazijn

zout

zwarte peper

2 EL versgehakte basilicum

een beetje citroensap

60 minuten
Calorieën: 189 kcal/persoon

Bereiding

1. De paprika's wassen, halveren en ontpitten. Met het snijvlak op een bakblik leggen en in de op 220°C voorverwarmde oven schuiven.
2. Zodra de paprikaschil bruinachtige vlekken en blazen vertoont de paprika's uit de oven nemen. De schil eraf pellen en de paprikahelften in repen snijden.
3. De ui pellen en in kleine blokjes snijden. De blokjes ui, olijfolie, azijn, zout, peper en basilicum tot een marinade roeren. Samen met de reepjes paprika luchtig vermengen. Afdekken en in de koelkast enkele uren laten trekken. Voor het serveren met citroensap besprenkelen.

Bijzondere tip: Paprika's bevatten veel vitamine C. Twee kleine reepjes hiervan voorzien volgens de laatste nieuwe bevindingen al in de dagelijkse behoefte aan deze vitamine.

In plaats van bieslook kunt u voor de salade van kaas en worst ook blaadjes peterselie gebruiken. Het gehalte aan vitamine C blijft ongeveer hetzelfde.

Als u niet zo van een pikante smaak houdt, kunt u voor de garnalen in plaats van chili's ook paprika's (erg rijk aan vitaminen!) gebruiken.

Kaassoep uit Italië

Past heel goed bij *zemelenbrood* (zie bladzijde 26).

Ingrediënten voor 4 personen

20 g boter
4 sneden meergranenbrood zonder korst (of naar believen een andere broodsoort)
4 eieren
150 g versgemalen parmezaanse kaas
een kleine liter hete vlees- of groentebouillon

● 30 minuten
Calorieën: 438 kcal/persoon

Bereiding

1. De bakoven op het grillprogramma op 200°C voorverwarmen. In een pan boter verhitten tot een hete, schuimende vloeistof en daarin de vier sneden brood aan beide kanten knapperig bakken.
2. Vier vuurvaste soepkommetjes met de sneden brood bekleden. Daarover telkens een ei slaan en met parmezaanse kaas bestrooien.
3. Met hete soep overgieten en de vier terrines in de voorverwarmde bakoven zetten.
4. Zodra de kaas gesmolten is de soep meteen serveren.

Garnalen in hete knoflookolie

Passen bijzonder goed bij *gemengd brood* (zie bladzijde 28).

Ingrediënten voor 4 personen

500 g gepelde garnalen
1 rode chilipeper
8 teentjes knoflook
zout
zwarte peper
200 ml olijfolie

● 30 minuten
Calorieën: 598 kcal/persoon

Bereiding

1. De garnalen op de rug insnijden, de darmen verwijderen en grondig wassen. Met keukenpapier droogdeppen.
2. De chili schoonmaken, ontpitten en fijnhakken. De teentjes knoflook pellen en in schijfjes snijden.
3. In een pan een beetje olijfolie verhitten en daarin de stukjes chili en de teentjes knoflook licht roosteren. De garnalen erbij voegen en een paar keer omroeren. Met zout en peper kruiden.
4. De inhoud van de pan met olijfolie overgieten en verhitten. Per persoon een schaaltje ermee vullen en met veel brood serveren.

Kaas met granen

Past bijzonder goed bij *zonnebloembrood* (zie bladzijde 28).

Ingrediënten voor 4 personen

100 g van een graanmengsel (zonnebloempitten, lijnzaad, enz.)

200 g ongerijpte kaas met dubbele room

50 g room

50 g crème fraîche

2 EL gehakte peterselie

zwarte peper, zout

1/2 TL worcestersaus

20 minuten

Calorieën: 360 kcal/persoon

Bereiding

1. Het graanmengsel naar believen fijnhakken. De ongerijpte kaas met de room en de crème fraîche tot een romig mengsel roeren.
2. Peterselie en graankorrels erdoor mengen. Met zout, peper en worcestersaus op smaak brengen.

Gegratineerde spinazie

Past bijzonder goed bij *gemengd brood* (zie bladzijde 28).

Ingrediënten voor 4 personen

1 kg verse bladspinazie

zout

zwarte peper

60 g boter op kamertemperatuur

4 grote sneden gemengd brood

8 plakken emmentaler

40 minuten

Calorieën: 408 kcal/persoon

Bereiding

1. De bakoven op het grillprogramma op 200°C voorverwarmen. De bladspinazie grondig wassen en in kokend, zout water leggen. Ongeveer één minuut laten borrelen en de inhoud van de kom in een zeef gieten. De spinazie met koud water laten schrikken en goed laten uitlekken.
2. De sneden brood met boter besmeren en op een bakblik leggen. De spinazie naar eigen smaak met zout en peper kruiden en het brood ermee beleggen. Botervlokjes erover strooien en met kaas beleggen.
3. De sneden brood in een op 200°C voorverwarmde oven knapperig gratineren.

Bijzondere tip: In de Oudheid legde men bladeren spinazie op wonden en vertrouwde men op de heilzame werking van het groene blad. In Perzië geldt spinazie ook vandaag nog als geneesmiddel.

In plaats van bladspinazie kunt u ook andere spinaziegroenten gebruiken, bv. tuin- of veldzuring, ijzerkruid, snijbiet. Al deze soorten zijn erg rijk aan vitaminen en mineralen.

Broden met noten of pitten

De cashewnoot is het eiwit- en oliehoudende zaad van de tropische, Zuid-Amerikaanse acajouboom. Ze bevat veel ontstekings-remmende, magnesium-houdende stoffen.

Rechts: Het pecannotenbrood bestaat naast tarwemeel uit roggemeel. Daardoor krijgt het een krachtige smaak.

Pindanotenbrood

BROOD/DEEGTYPE normaal
PROGRAMMA brood

Ingrediënten

1 TL droge gist
200 g fijn volkorentarwemeel
250 g tarwebloem
$1^1/_2$ TL zout
1 EL suiker
100 g pindakaas
300 ml water

Bij het pindanotenbrood passen: zoet boterhambeleg zoals pindakaas, chocopasta, gemengde bijenhoning en marmelades.

Cashewbrood

BROOD/DEEGTYPE normaal
PROGRAMMA brood

Ingrediënten

$1^1/_2$ TL droge gist
320 g tarwemeel
80 g roggemeel
1 TL suiker
1 TL zout
1 EL boter
80 g gehakte cashewnoten
240 ml water

Tip: In plaats van cashewnoten dezelfde hoeveelheid hazelnoten, pinda's of walnoten erbij voegen.

Bij het cashewbrood passen: gerookte zalm, knapperige makrelen of opgerolde gerookte doornhaai, fijne vissalades en gerookte ham. Het *appel-kaasmengsel* (zie bladzijde 39) smaakt er lekker bij.

Pecannotenbrood

BROOD/DEEGTYPE normaal
PROGRAMMA brood

Ingrediënten

$1^1/_2$ TL droge gist
200 g tarwebloem
120 g tarwemeel
130 g roggemeel
1 TL bakpoeder
1 EL suiker
2 TL zout

30 g boter
80 g gemalen pecannoten
20 g fijngehakte pecannoten
310 ml water

Bij het pecannotenbrood past: kaas. Gebruik het om te gratineren of geniet er puur van.

Limoenbrood met amandelen

De limoen (het limmetje) behoort tot de citrusvruchten die rijk zijn aan vitamine C en vooral in vochtige, tropische gebieden groeien. Als alternatief kunt u ook de schil van grapefruit of pomerans gebruiken.

BROOD/DEEGTYPE normaal
PROGRAMMA brood

Ingrediënten
1½ TL droge gist
350 g tarwemeel
100 g roggemeel
1 TL bakpoeder
1 TL suiker
1 TL zout
2 EL boter
150 g magere yoghurt met citroensmaak
1 TL maanzaadjes
3 TL melkpoeder
50 g gehakte amandelen
1 EL amandellikeur
1 TL geraspte schil van een onbehandelde limoen
160 ml water

Bij limoenbrood met amandelen passen: verschillende soorten ijs, *filet américain* (zie bladzijde 37).

Tarwebrood met havervlokken

BROOD/DEEGTYPE normaal
PROGRAMMA brood

Ingrediënten
1½ TL droge gist
200 g tarwebloem
200 g tarwemeel
80 g havervlokken
1 EL suiker
1 TL melkpoeder
1 TL zout
1 EL boter
300 ml water

Bij het tarwebrood met havervlokken passen: pikante kaascrèmes, krachtige eenpansgerechten of groenteroomsoepen. De *eieren in tomatensaus* (zie bladzijde 39) smaken er heel lekker bij.

Pijnpittenbrood

BROOD/DEEGTYPE normaal
PROGRAMMA brood

Ingrediënten
1½ TL droge gist
500 g tarwemeel
2 TL zout
1 EL suiker
70 g gebakken pijnpitten
1 EL boter
300 ml water

Bij het pijnpittenbrood passen: kruidige, gekookte en rauwe plakken ham, flinterdun gesneden. Ook de *pittige mozzarella* (zie bladzijde 37) smaakt er bijzonder goed bij.

Dit past bij broden met noten of pitten

Filet américain

Past zeer goed bij het *limoenbrood met amandelen* (zie bladzijde 36).

Ingrediënten voor 2 personen

250 g biefstuk à la tartare (of rundergehakt)
50 g mayonaise
1 TL tomatenketchup, zout
zwarte peper
1 ui
2 dikke sneden tarwebrood met havervlokken
1 TL boter

● 20 minuten
Calorieën: 400 kcal/persoon

Bereiding

1. De biefstuk à la tartare goed met mayonaise en tomatenketchup vermengen. Flink kruiden met zout en peper.
2. De ui pellen en in flinterdunne ringen snijden. De sneden brood dun met boter besmeren.
3. De filet américain over het brood verdelen en mooi opensmeren. Met een mes een rooster in het vleesmengsel trekken en met ringen ui beleggen.

Tip: Men kan hierbij ook knapperige frietjes serveren.

Pittige mozzarella

Past zeer goed bij *pijnpittenbrood* (zie bladzijde 36).

Ingrediënten voor 2 personen

2 sneden pijnpittenbrood
1 TL boter
2 EL kleingesneden rucola (ook oregano of daslook zijn geschikt)
150 g mozzarella
2 kleine tomaten
1 TL olijfolie
zout
zwarte peper

● 20 minuten
Calorieën: 338 kcal/persoon

Bereiding

1. De sneden brood beboteren en de rucola erover strooien.
2. De mozzarella en de tomaten in dunne schijven snijden.

Mozzarella en tomaten zijn de twee beroemdheden uit de keuken van Campanië. Dit gerecht heeft de laatste jaren internationale furore gemaakt.

3. Het brood met de mozzarella- en tomatenschijfjes beleggen. Met zout en peper kruiden en de olijfolie erover druppelen. Eventueel met basilicum garneren.

Appel-kaasmengsel

Past bijzonder goed bij *cashewbrood* (zie bladzijde 34).

Ingrediënten voor 2 personen
2 dikke sneden cashewbrood
1 EL boter
1 appel
1 EL rode bosbessen
4 plakken emmentaler

● 20 minuten
Calorieën: 315 kcal/persoon

Bereiding

1. De bakoven op het grillprogramma voorverwarmen. De sneden brood beboteren.
2. De appelen schillen, van hun klokhuis ontdoen, in schijfjes snijden en het brood ermee beleggen.
3. De rode bosbessen over de appelschijfjes verdelen en de plakken kaas erop leggen.
4. Het belegde brood in de bakoven in vijf minuten gratineren.

Tip: Wie het graag iets pittiger heeft, kan een snufje kruidenzout erover strooien.

Eieren in tomatensaus

Zijn erg lekker bij *tarwebrood met havervlokken* (zie bladzijde 36).

Ingrediënten voor 4 personen
50 g gerookt spek
1 ui
2 teentjes knoflook
1 EL boter
1 EL tomatenpuree
1 TL meel
1/2 l groentebouillon
zwarte peper, zout
1 EL fijngehakte oregano
2 EL crème fraîche
8 eieren
2 EL azijn

● 30 minuten
Calorieën: 387 kcal/persoon

Bereiding

1. Spek, ui en knoflook in blokjes snijden en in boter licht stoven. De tomatenpuree erbij voegen.
2. Met meel bestrooien en met groentebouillon overgieten, kruiden en laten sudderen. Vervolgens de crème fraîche erdoor roeren.
3. Ongeveer $1^1/_2$ liter water aan de kook brengen en de eieren één voor één in het kokende water laten glijden. De eieren na ongeveer 4 minuten met een schuimspaan uit de kom scheppen.

Welke appelsoort u neemt, wordt aan uw eigen smaak overgelaten. Bij emmentaler smaken Boskoop en Golden Delicious uitstekend.

Links: Het cashewbrood is een ongewone variant van de notenbroden, die u slechts zelden bij de bakker kunt kopen.

Volkorenbroden

Volkoren tarwebroden hebben een elastische, soepele korst en laten zich goed besmeren. Van smaak zijn ze mild aromatisch tot zurig.

Pompernikkel met hennepzaden

BROOD/DEEGTYPE volwaardig
PROGRAMMA brood

Ingrediënten

- *1 TL droge gist*
- *350 g (fijn volkoren) tarwemeel*
- *100 g fijn volkorenroggemeel*
- *1 TL bakpoeder*
- *1 TL melkpoeder*
- *2 TL suikerstroop*
- *1 1/2 TL zout*
- *1 EL boter*
- *30 g zonnebloempitten*
- *2 TL hennepzaden (die 's nachts hebben geweekt)*
- *2 EL cacaopoeder*
- *1 EL instant koffiepoeder*
- *210 ml water*
- *70 g karnemelk*

Bij pompernikkel met hennepzaden passen: rauwkostsalades, kwark en vegetarisch broodbeleg. Ook *gekruide kwark met maïs* (zie bladzijde 43) en *salami met chili* (zie bladzijde 43) met gehakte augurkjes smaken er bijzonder lekker bij.

Volkoren tarwebrood met hazelnoten

BROOD/DEEGTYPE volwaardig
PROGRAMMA brood

Ingrediënten

- *1 1/2 TL droge gist*
- *350 g fijn volkorentarwemeel*
- *150 g grofgemalen tarweschroot*
- *1 TL bakpoeder*
- *2 TL volledige hazelnoten*
- *50 g tarwezemelen*
- *1 EL olie*
- *1/2 TL broodkruiden*
- *1 TL bruine suiker*
- *1 TL zout*
- *320 ml water*

Bij dit volkoren tarwebrood passen: ganzenvet of kaantjes. *Wortelkaas* (zie bladzijde 41) smaakt er heel lekker bij.

Dit past bij volkorenbroden

Wortelkaas

Past bijzonder goed bij *volkoren tarwebrood met hazelnoten* (zie bladzijde 40).

Ingrediënten voor 4 personen

150 g ongerijpte kaas met dubbele room
50 g crème fraîche
1 grote wortel (ca. 200 g)
1 EL citroensap
1 TL honing
zout
zwarte peper
1 EL gehakte peterselie

● 20 minuten
Calorieën: 187 kcal/persoon

Bereiding

1. De ongerijpte kaas en de crème fraîche in een schotel tot een romig mengsel roeren.
2. De wortel schoonmaken en fijnraspen.
3. De geraspte wortel, het citroensap en de honing door de kaascrème roeren. Met zout en peper kruiden. Tot slot de peterselie luchtig erdoor roeren.

Tip: Neem een smakelijke honingsoort, bv. honing met tijm.

Pikante combinatie van eieren en remouladesaus

Past erg goed bij *volkoren tarwebrood met hazelnoten* (zie bladzijde 40).

Ingrediënten voor 2 personen

2 sneden tarwebrood met zonnebloempitten
2 EL remouladesaus
10 zwarte olijven
1 augurk
2 hardgekookte eieren
zout
zwarte peper
1 bakje waterkers

● 20 minuten
Calorieën: 364 kcal/persoon

Bereiding

1. De sneden brood met remouladesaus besmeren. De olijven ontpitten en fijnhakken. De augurk in kleine blokjes snijden.
2. De sneden brood met de olijven en blokjes augurk bestrooien. De eieren pellen, in schijven snijden en over het brood verdelen. Met zout en peper kruiden.
3. De waterkers afsnijden, wassen en het met eieren belegde brood ermee garneren.

De wortelkaas is een echte bom van vitaminen en enzymen: honing en ongerijpte kaas zijn uitstekende leveranciers van enzymen. Peterselie, wortel en citroensap zorgen voor een evenwichtig vitaminemengsel.

Pompernikkel met hennepzaden heeft geen bedwelmende werking als u de gebruikelijke, verkrijgbare, THC-vrije hennepzaden gebruikt.

Gekruide kwark met maïs

Past bijzonder goed bij *pompernikkel met hennepzaden* (zie bladzijde 40).

Ingrediënten voor 2 personen

2 sneden pompernikkel met hennepzaden
1 TL boter
150 g kwark
selderijzout
zwarte peper
1 bosje bieslook
100 g maïskorrels uit blik (goed laten uitlekken)

10 minuten
Calorieën: 187 kcal/persoon

Tip: In plaats van selderijzout kunt u ook kruidenzout of voor gerechten geschikt jodiumzout gebruiken. Deze garnering smaakt niet alleen bij pompernikkel, maar ook uitstekend bij andere broden.

Bereiding

1. De sneden brood dun met boter besmeren en de kwark erover verdelen. Naar eigen smaak met selderijzout en peper kruiden.
2. Het bieslook in kleine rondjes snijden en samen met de maïskorrels over de boterhammen strooien.

Salami met chili

Past bijzonder goed bij *pompernikkel met hennepzaden* (zie bladzijde 40).

Ingrediënten voor 2 personen

1 EL gehakte augurkjes
2 EL mayonaise
1 EL chiliketchup
2 sneden pompernikkel met hennepzaden
100 g salami in plakjes
2 ingelegde pepers

10 minuten
Calorieën: 289 kcal/persoon

Bereiding

1. De gehakte augurkjes goed met de mayonaise en de chiliketchup vermengen en er de sneden brood naar smaak mee besmeren.
2. Het besmeerde brood met de schijfjes salami beleggen en tot slot met een pepertje versieren.

Tip: Zet zeker een koel drankje klaar om te 'blussen', het best niet-koolzuurhoudend mineraalwater. Ook gezond is zelfgeperst vruchtensap.

'Mahiz', zoals de Peruaanse indianen de maïs oorspronkelijk noemden, is de enige uit Amerika afkomstige graansoort. Christoffel Columbus bracht hem in de vijftiende eeuw mee naar Europa.

Gekruide broden

Bij het anijsbrood voor fijnproevers hebt u met anijs, karwij, venkel en koriander vier kruiden die niet alleen lekker smaken, maar ook allemaal de spijsvertering ondersteunen.

Anijsbrood voor fijnproevers

BROOD/DEEGTYPE normaal
PROGRAMMA brood

Ingrediënten

1½ TL droge gist
500 g fijn volkorentarwemeel
1 EL suiker
1½ TL zout
30 g zonnebloempitten
1 EL walnotenolie
½ EL grofgemalen anijszaden
½ EL grofgemalen karwij
½ EL grofgemalen koriander
1 TL grofgemalen venkelzaad (alles in de vijzelstamper vermalen) of 2 EL kant-en-klare mengeling van broodkruiden
320 ml water

Bij het anijsbrood voor fijnproevers passen: sneetjes worst of ham. *Kruidenkwark* (zie bladzijde 48) past er bijzonder goed bij.

Kruidenbrood

BROOD/DEEGTYPE normaal
PROGRAMMA brood of rozijnen

Ingrediënten

1½ TL droge gist
150 g tarwebloem
300 g tarwemeel
50 g fijn volkorentarwemeel
1 EL suiker
1 TL zout
1 EL zonnebloemolie
½ TL grofgemalen peper
4 EL versgehakte, gemengde kruiden (bv. bieslook, tijm, dragon, peterselie, dille, bonenkruid, pimpernel en/of dragon)
310 ml water

Bij het kruidenbrood passen: gerookte en gemarineerde zalm, vis- of worstsalade, pikant broodbeleg. De kruidig-pikante *salade met kaas en noedels* (zie bladzijde 48) smaakt er bijzonder lekker bij.

Kummelbrood

BROOD/DEEGTYPE meergranen
PROGRAMMA brood

Ingrediënten

1½ TL droge gist
350 g tarwemeel

100 g roggemeel
60 g tarwebloem
1 TL bakpoeder
40 g vijfgranenschroot ('s nachts al laten weken)
1 mespunt komijn (gemalen geelwortel)
1 TL suikerstroop
1 TL balsamicoazijn
2 TL zout
2 EL walnotenolie
1 EL grofgemalen kummelzaadjes
3 EL vloeibaar zuurdeeg
320 g karnemelk

Bij het kummelbrood passen: verschillende hamsoorten en verse salades. Kaasfondue (het kummelbrood in blokjes snijden en in de fondue dippen). *Kervelsoep* (zie bladzijde 49) smaakt er lekker bij.

Brood met chili en peper

BROOD/DEEGTYPE normaal
PROGRAMMA brood

Ingrediënten
1½ TL droge gist
350 g fijn volkorentarwemeel
150 g roggemeel
1 TL bakpoeder
½ TL zout
1 TL suiker
1 EL zonnebloemolie
½ EL grofgemalen zwarte peper
2 EL groene peperbolletjes
1 TL paprikapoeder (zoet)
2 TL versgesneden chili's
3 EL vloeibaar zuurdeeg
310 ml water

Bij het brood met chili en peper passen: ham of asperges met meloen, leverworst en leverpasteien, plakjes kalkoen. *Gevogeltesalade met vruchten* (zie bladzijde 49) smaakt er bijzonder lekker bij.

Knoflookbrood

BROOD/DEEGTYPE snel
PROGRAMMA brood

Ingrediënten
1½ TL droge gist
500 g tarwebloem
1 TL suiker
1 EL versgehakte basilicum
1 EL versgehakte knoflook
1 TL knoflookpoeder
2 EL versgeraspte parmezaanse kaas
2 TL zout
1 TL olijfolie
2 EL droge witte wijn
310 ml water

Bij het knoflookbrood passen: een glaasje rode wijn, gemengde voorgerechten uit het rijke buffet van de Middellandse Zee.

Knoflook geldt bij vele volkeren, waarschijnlijk door de sterke reuk, als een middel tegen 'het kwade oog' en tegen geesten, in Midden-Europa in het bijzonder ook tegen vampieren.

In plaats van distelolie kunt u voor het komijnbrood natuurlijk ook zonnebloemolie of een andere koudgeperste olie gebruiken.

Rechts: Dankzij saffraan krijgt het komijnbrood zijn mooie gele kleur. Saffraan bestaat in verschillende kwaliteits- en prijsklassen.

Komijnbrood met saffraan

BROOD/DEEGTYPE normaal
PROGRAMMA brood

Ingrediënten

1$^1/_2$ TL droge gist
500 g tarwemeel
1 mespunt saffraan
1 TL saffraanvezels
1 TL komijn (gemalen)
1 TL zout
20 g zonnebloempitten
1 TL suiker
1 EL distelolie
280 g karnemelk

Bij het komijnbrood met saffraan passen: champignonroomsoep of andere gepureerde groentesoepen zoals prei- of selderijroomsoep; verder ook gegratineerde groenten.

Bijzondere tip: Saffraan is een kruid met een hoog gehalte aan carotenoïden (vooral crocetine) en veel ß-caroteen. Dat is het chemische voorstadium van vitamine A en wordt door het organisme in die vitamine omgezet. Vitamine A is belangrijk om in het donker te kunnen zien.

Sesambrood

BROOD/DEEGTYPE normaal
PROGRAMMA brood

Ingrediënten

1 TL droge gist
200 g tarwemeel
250 g fijn volkorentarwemeel
40 g gepelde sesamzaden
1 EL suiker
1 TL zout
1 TL zonnebloemolie
$^1/_2$ TL soda voor huishoudelijk gebruik
1 TL boter
280 ml water

Tip: Tijdens de laatste fase van het bakproces een eetlepel sesamzaad over het brood strooien.

Bij sesambrood passen: Frankfurter worstjes, schotels met allerlei gesneden beleg, groentesalades of kruidig broodbeleg. *Kervelsoep* (zie bladzijde 49) smaakt er erg lekker bij.

Dit past bij gekruide broden

Kruidenkwark

Past erg goed bij het *anijsbrood voor fijnproevers* (zie bladzijde 44).

Ingrediënten voor 4 personen
1 bosje bieslook
1 middelgrote ui
500 g kwark
100 g zure room
zout
zwarte peper
paprikapoeder (zoete variant)
het binnenste deel van 1 kropsla

⏱ 20 minuten
Calorieën: 169 kcal/persoon

Bereiding

1. Het bieslook schoonmaken en in kleine rondjes snijden. Vervolgens de ui pellen en in kleine blokjes snijden.
2. De kwark met de room tot een crème roeren. Bieslook en blokjes ui erdoor mengen. Met zout, peper en paprika kruiden.
3. Het binnenste van de kropsla in blaadjes uiteentrekken, wassen en droogzwieren.
4. De blaadjes kropsla over vier borden verdelen en er de kwark op schikken. Met paprikapoeder bestrooien. Hierbij gesneden anijsbrood voor fijnproevers eten.

Salade met kaas en noedels

Past bijzonder goed bij *kruidenbrood* (zie bladzijde 44).

Ingrediënten voor 4 personen
500 g noedels naar keuze
zout
1 EL olie
250 g kaas in sneetjes (bv. edammer, emmentaler of Leerdammer)
2 augurken in het zuur
½ komkommer
150 g natuuryoghurt
100 g mayonaise
zwarte peper
1 EL worcestersaus
2 EL gehakte peterselie

⏱ 40 minuten
Calorieën: 843 kcal/persoon

Bereiding

1. De noedels in zout water met een eetlepel olie beetgaar laten worden. Afgieten, met koud water laten schrikken en in de zeef laten uitlekken.

Als de worcestersaus bij de salade met noedels en kaas u te scherp is, kunt u als alternatief ook één of twee eetlepels geconcentreerde groentebouillon gebruiken.

2. De kaas in repen van gelijke grootte snijden. De augurken in kleine blokjes snijden. De komkommer schillen, halveren en in repen snijden.
3. Yoghurt, mayonaise, zout, peper, worcestersaus en peterselie tot een romige marinade roeren. Alle ingrediënten vermengen. Serveren.

Kervelsoep

Past bijzonder goed bij *kummelbrood* (zie bladzijde 44) en *sesambrood* (zie bladzijde 46).

Ingrediënten voor 4 personen

200 g verse kervel
1 ui, in blokjes gesneden
60 g boter
1 EL meel
1 l vlees- of groentebouillon
zwarte peper, zout
200 g room

⏱ 30 minuten
Calorieën: 336 kcal/persoon

Bereiding

1. De kervel wassen, droogzwieren en wegen.
2. In een kom de boter verhitten tot ze schuimt. De blokjes ui erin strooien en glazig stoven. Met meel bestrooien en al roerend het mengsel helder houden.
3. Met bouillon blussen en de kervel erin strooien. De soep op een klein vuurtje ongeveer 15 minuten laten sudderen en kruiden.
4. De room erin gieten en nogmaals op smaak brengen.

Gevogeltesalade met vruchten

Past erg goed bij *brood met chili en peper* (zie bladzijde 45).

Ingrediënten voor 4 personen

1 gekookte of gegrilde kip
200 g in stukjes gesneden ananas (pot)
200 g mandarijnen in partjes (pot)
150 g mayonaise
100 g natuuryoghurt
zwarte peper, zout
worcestersaus naar eigen smaak
1 banaan

⏱ 30 minuten
Calorieën: 809 kcal/persoon

Bereiding

1. Vel en beenderen van de kip verwijderen en het vlees in blokjes snijden. Kippenvlees, ananas en mandarijntjes zonder sap mengen.
2. Mayonaise, yoghurt en zes eetlepels ananassap tot een crème roeren en kruiden.
3. Banaan pellen en in schijfjes snijden. Met de ingrediënten van salade en marinade mengen.

Keukenkervel is een eenjarige plant die behoort tot de schermbloemigen en de spijsvertering op gang brengt.

Pikante broden

Het joggingbrood heeft zijn naam misschien te danken aan het feit dat sporters deze licht verteerbare, gezonde broodsoort erg waarderen, ook voor wedstrijden.

Cottagebrood met kaas

BROOD/DEEGTYPE normaal
PROGRAMMA brood

Ingrediënten

$1^1/_2$ TL droge gist
450 g tarwemeel
1 EL suiker
100 g kwark (korrelige ongerijpte kaas)
1 ui
25 g boter
$1^1/_2$ TL zout
20 g kleingesneden dille
250 mg karnemelk of 250 ml water

Tip: Breng een variatie op het cottagebrood met kaas aan door toevoeging van twee eetlepels geroosterde blokjes ui en gebruik water in plaats van karnemelk.

Bij het cottagebrood met kaas passen: heerlijk broodbeleg, zalmmousse, bonte bladsalade, fijne groentesoepen. Het *courgettepannetje met garnalen* (zie bladzijde 54) smaakt er bijzonder lekker bij. Ook lekker is broodbeleg van aubergines.

Joggingbrood

BROOD/DEEGTYPE normaal
PROGRAMMA brood

Ingrediënten

$1^1/_2$ TL droge gist
400 g tarwemeel
80 g roggemeel
2 EL suiker
$1^1/_2$ TL zout
een snufje gemberpoeder
30 g boter
150 g magere yoghurt
150 ml water

Tip: Gebruik in plaats van het normale keukenzout gejodeerd zout (vooral als u in een jodiumarme omgeving woont!) of kruidenzout en in plaats van boter een lichte, plantaardige margarine.

Bij het joggingbrood passen: rauwkostsalades, tomatensoep, groentesla, zoet of pikant broodbeleg. Het *broodbeleg van aubergines* (zie bladzijde 54) met knoflook, peterselie en ui smaakt er heel lekker bij.

Rechts: Het cottagebrood met kaas past bijzonder goed bij salades en hartig beleg.

Knoflookbrood met kaas

BROOD/DEEGTYPE normaal
PROGRAMMA brood of rozijnen

Ingrediënten

$1^1/_2$ TL droge gist
400 g tarwemeel
2 TL zout
2 EL boter
50 g emmentaler
1 TL suiker
1 TL knoflookpoeder
1 gehakt knoflookteentje
1 TL gemalen peper
300 ml water

Bij het knoflookbrood met kaas passen: worstsalade, vlees van de grill, groentesoepen, bonte bladsalades. *Aardappelen in aluminiumfolie met spekkwark* (zie bladzijde 55) smaken er erg lekker bij.

Texaans maïsbrood

BROOD/DEEGTYPE normaal
PROGRAMMA brood

Ingrediënten

$1^1/_2$ TL droge gist
450 g tarwemeel
40 g maïsgriesmeel
1 ei
1 EL boter
1 TL suiker
2 TL zout
1 doosje saffraan
$^1/_2$ TL chilipoeder
1 EL zonnebloempitten
150 g karnemelk
120 ml water
4 EL maïskorrels (uit blik)

Bij het Texaanse maïsbrood passen: chili con carne, eenpansgerechten, salades, paella, gegratineerde groenten, vegetarisch broodbeleg. *Chili con carne* (zie bladzijde 56) smaakt er bijzonder lekker bij.

Als na het bakken van het brood nog maïskorrels overblijven: maak uw eigen popcorn door in een pan vetstof te verhitten en er maïs bij te voegen, waarbij de korrels niet bovenop elkaar mogen liggen. Na het openspringen met zout of suiker bestrooien.

Brood met ham

BROOD/DEEGTYPE normaal
PROGRAMMA brood of rozijnen

Ingrediënten

$1^1/_2$ TL droge gist
300 g fijn volkorentarwemeel
150 g fijn volkorenroggemeel
1 EL suiker, 2 TL zout
$^1/_2$ TL zwarte, grofgemalen peperkorrels
1 EL olijfolie
150 g magere yoghurt
100 g fijngesneden, gekookte ham
200 ml water

Bij het brood met ham passen: aardappelen in de schil en kwark, komkommersalade of romige soepen. *Koolsla met spek* of *biefstuk à la tartare met spek* (zie bladzijde 57) smaken er bijzonder lekker bij.

Napolitaans brood

BROOD/DEEGTYPE normaal
PROGRAMMA brood

Ingrediënten

2 TL droge gist
250 g tarwemeel
150 g roggemeel
1 TL paprikapoeder (zoete variant)
1 TL suiker
1 TL zout
2 TL tomatenpuree
1 TL fijngewreven oregano
1 TL van een pikant, gehakt pepertje
1 TL knoflookpoeder
150 g magere yoghurt
150 ml water

Bij het Napolitaanse brood passen: salades, mediterrane voorgerechten, soepen en gegrilde gerechten. *Gegratineerde tomaten* (zie bladzijde 56) smaken er erg lekker bij.

Tip: Dit brood smaakt bijzonder lekker als u het nog warm eet of het voor de maaltijd nog een keertje in de magnetron of in de broodrooster opwarmt.

Als u het brood met ham niet zo gepeperd wilt, ziet u gewoon af van de peper. Varieer ook in de verhouding tussen tarwemeel en volkoren roggemeel.

Dit past bij pikante broden

De op komkommer lijkende courgette behoort tot de familie van de pompoenen en blinkt voedingsfysiologisch uit door haar hoog gehalte aan mineralen.

Courgettepannetje met garnalen

Past bijzonder goed bij *cottagebrood met kaas* (zie bladzijde 50).

Ingrediënten voor 4 personen

800 g courgettes
2 sjalotten
6 EL olijfolie
zout
zwarte peper
1 TL van een Provençaalse kruidenmengeling
50 ml witte wijn
200 g gepelde garnalen
200 g zure room
1 mespunt kerriepoeder

40 minuten
Calorieën: 316 kcal/persoon

Bereiding

1. De courgettes schoonmaken, stengeldeeltjes en uiteinden verwijderen. Dwars in dunne plakken snijden. De sjalotten pellen en in fijne blokjes snijden.
2. In een grotere pan de olijfolie verhitten en daarin de blokjes sjalot glazig stoven. De courgetteplakken erin strooien. Met zout en peper op smaak brengen.
3. De courgette aan alle kanten goed bruin laten worden en met Provençaalse kruiden bestrooien. Met witte wijn besprenkelen en de garnalen erbij voegen.
4. Het courgettepannetje over vier borden verdelen en de zure room erover gieten. Met kerriepoeder bestrooien. Daarbij versgebakken volkorenbrood eten.

Broodbeleg van aubergines

Past zeer goed bij *joggingbrood* (zie bladzijde 50).

Ingrediënten voor 4 personen

500 g aubergines
1 grote ui
2 teentjes knoflook
2 EL gehakte peterselie
zout
zwarte peper
sap van 1 citroen
50 g crème fraîche

40 minuten
Calorieën: 70 kcal/persoon

Bereiding

1. De bakoven op 220°C voorverwarmen. De aubergines was-

sen, in de lengte halveren en op een bakblik leggen. In de oven schuiven en in ongeveer 25 minuten bruin laten worden, waarbij u de groente meermaals keert.
2. De ui en de teentjes knoflook pellen en in fijne blokjes snijden. De aubergines uit de oven nemen, met koud water afspoelen, droogdeppen en pellen. Het vruchtvlees in kleine blokjes snijden.
3. Alle ingrediënten in de keukenmachine doen en middelfijn pureren. Pikant op smaak brengen en bij het joggingbrood eten.

Aardappelen in aluminiumfolie met spekkwark

Passen bijzonder goed bij *knoflookbrood met kaas* (zie bladzijde 52).

Ingrediënten voor 4 personen

4 heel grote of 8 middelgrote aardappelen
kruidenzout
1 bussel bieslook
1 ui
2 EL boter
150 g gerookt spek in blokjes
250 g kwark met room
4 EL room
zwarte peper

● 40 minuten
Calorieën: 553 kcal/persoon

Bereiding

1. De bakoven op 220°C voorverwarmen. De aardappelen met een borstel grondig afwassen en droogdeppen. In elke aardappel met een vork een paar gaatjes prikken, met kruidenzout bestrooien en in aluminiumfolie wikkelen. Op een bakblik leggen en voor ongeveer 40 minuten (afhankelijk van de grootte!) in de bakoven schuiven.
2. Het bieslook schoonmaken en in rondjes snijden. De ui pellen en in fijne blokjes snijden.
3. In een pan de boter verhitten tot ze schuimt en daarin de blokjes ui glazig stoven. Vervolgens de blokjes gerookt spek erin strooien en enige minuten lang bakken.
4. De kwark samen met de room tot een glad mengsel roeren en er de inhoud van de pan doorheen mengen. Met kruidenzout en peper naar smaak kruiden.
5. De aardappelen uit de aluminiumfolie nemen, in de lengte insnijden en in de opening de spekkwark doen.
6. Tot slot met het bieslook bestrooien.

Tip: Gebruik hierbij stevige aardappelen, die niet uiteenvallen bij het koken.

De aubergine behoort tot de nachtschadeachtigen, die uit Zuidoost-Azië afkomstig zijn en veel ballast- en bittere stoffen bevatten. In Europa is ze pas sinds ongeveer 20 jaar bekend.

Chili con carne

Past bijzonder goed bij *Texaans maïsbrood* (zie bladzijde 52).

Ingrediënten voor 4 personen

1 grote ui
3 teentjes knoflook
1 rode chili
5 EL olijfolie
500 g rundergehakt
1 EL tomatenpuree
250 ml tomatensap
250 ml groente- of vleesbouillon
zwarte peper, zout
250 g rode kidneybonen

50 minuten
Calorieën: 467 kcal/persoon

Ontpit en hak de chili zo klein mogelijk voor u deze vrucht in de pan doet. De scherpe smaak zit in de zaden van de vrucht. Afhankelijk van de gewenste scherpte moet u er dus meer of minder van gebruiken.

Bereiding

1. De ui en de teentjes knoflook pellen en in fijne blokjes snijden.
2. In een grote pan de olijfolie verhitten en daarin de blokjes ui en knoflook glazig stoven. De blokjes chili en gehakt erbij voegen. Het gehakt al roerend braden en de tomatenpuree erbij voegen.
3. Met tomatensap en bouillon blussen en kruiden.
4. De bonen erdoor roeren, nogmaals op smaak brengen en ongeveer 30 minuten zachtjes laten sudderen.

Gegratineerde tomaten

Passen zeer goed bij *Napolitaans brood* (zie bladzijde 53).

Ingrediënten voor 4 personen

1/2 bosje peterselie
2 teentjes knoflook
50 g boter op kamertemperatuur
kruidenzout
1 EL paneermeel
4 vleestomaten
1 EL olijfolie

30 minuten
Calorieën: 156 kcal/persoon

Bereiding

1. De bakoven op het grillprogramma op 200°C voorverwarmen. De peterselie wassen, droogzwieren, van de steeltjes plukken en fijnhakken.
2. De teentjes knoflook pellen en in fijne blokjes snijden. De boter met kruidenzout, met het paneermeel en met de voorbereide ingrediënten mengen.
3. De tomaten wassen en overdwars halveren. In een vuurvaste vorm zetten en het botermengsel erover verdelen. Vervolgens met olijfolie bedruipen.
4. De tomaten in de oven schuiven en ongeveer 10 minuten laten gratineren. Daarbij het Napolitaans brood serveren.

Koolsla met spek

Past bijzonder goed bij *brood met ham* (zie bladzijde 52).

Ingrediënten voor 4 personen

1 kg witte kool
1 ui
150 g gerookt spek
1 TL boter
250 ml hete vleesbouillon
6 EL plantaardige olie
5 EL azijn
zwarte peper, zout
naar smaak een snufje suiker
1 EL karwijzaadjes

20 minuten
Calorieën: 531 kcal/persoon

Bereiding

1. De witte kool schoonmaken en in fijne repen snijden. Een beetje zout erdoor mengen. De ui pellen en in blokjes snijden.
2. Het gerookt spek in kleine blokjes snijden. In een pan de boter verhitten tot die schuimt. Blokjes ui en spek glazig stoven.
3. Met vleesbouillon blussen en het mengsel over de witte kool gieten. Olie, azijn, zout en peper vermengen en over de witte kool gieten. Met karwijzaadjes en suiker op smaak brengen. De salade afdekken en op kamertemperatuur ongeveer een uurtje laten trekken.

Biefstuk à la tartare met spek

Past bijzonder goed bij *brood met ham* (zie bladzijde 52).

Ingrediënten voor 4 personen

1 augurk in het zuur, 1 kleine ui
500 g biefstuk à la tartare, 1 ei
1 TL mierikswortel
zwarte peper, zout
1 snufje paprikapoeder (zoete variant)
1 snufje paprikapoeder (scherpe variant)
8 plakjes gerookt spek

25 minuten
Calorieën: 648 kcal/persoon

Bereiding

1. De bakoven op het grillprogramma op 200°C voorverwarmen. De augurk in kleine blokjes snijden. De ui pellen en fijnhakken.
2. Het ei, de blokjes augurk en ui en de mierikswortel door de biefstuk à la tartare kneden. Met zout, peper en paprika op smaak brengen.
3. Van de tartaar vier platte frikadellen maken en met spek omwikkelen. Op een bakblik leggen en 10 minuten grillen, waarbij u de frikadellen twee keer omdraait.

Varieer het tartaarrecept door gekookte ham (dun gesneden) in plaats van gerookte sneden spek te gebruiken.

Groentebroden

Karnemelkbrood heeft een licht, soepel, ietwat zacht tot wattig kruim en smaakt mild. Alternatief: in plaats van karnemelk kefir gebruiken.

Rechts: Karnemelkbrood met gekruide olijven brengt een stukje Griekenland in huis. Probeer het een keertje bij een voorgerecht.

Karnemelkbrood met gekruide olijven

BROOD/DEEGTYPE normaal
PROGRAMMA brood of rozijnen

Ingrediënten

1 TL droge gist
500 g tarwebloem
1 EL suiker
1 EL zout
2 EL plantaardige olie
1 TL knoflookpoeder
50 g kleingehakte gekruide olijven
½ TL paprikapoeder (zoet)
½ TL fijngewreven verse tijm
200 g karnemelk
100 ml water

Tip: U kunt ook met het programma voor rozijnenbrood werken en pas bij de signaaltoon de kleingehakte olijven erbij voegen.

Bij het karnemelkbrood met gekruide olijven passen: tsatziki, boerenkool, gevulde wijnbladeren. Fijne, gepureerde soepen en *Griekse champignons* (zie bladzijde 62) met kruiden smaken er bijzonder lekker bij.

Zwitsers worteltjesbrood

BROOD/DEEGTYPE normaal
PROGRAMMA brood

Ingrediënten

1½ TL droge gist
350 g tarwemeel
150 g fijn volkorentarwemeel
1 TL zout
1 TL bruine suiker
1 TL boter
1 TL walnotenolie
100 g fijngeraspte worteltjes
1 geraspte appel
20 g zonnebloempitten
50 g geraspte kokosnoot
220 ml lauwwarme melk

Tip: Breng variatie aan met kruiden- of selderijzout en gebruik in plaats van boter een lichte margarine. Ook de heel gewone, witte suiker doet het hier goed.

Bij het Zwitsers worteltjesbrood passen: verschillende kazen en vegetarisch broodbeleg, gevulde wijnbladeren, bonte salades en eiersla. *Salade Niçoise* (zie bladzijde 62) smaakt er erg lekker bij.

Bij het olijfbrood smaken ook auberginepuree en Italiaanse en/of Griekse voorgerechten uitstekend.

Olijfbrood met fetakaas

BROOD/DEEGTYPE normaal
PROGRAMMA brood

Ingrediënten

1½ TL droge gist
250 g tarwemeel
100 g tarwebloem
150 g roggemeel
1 TL suiker
½ TL zout
1 TL knoflookpoeder
½ TL gemalen peper
1 EL olijfolie
1 TL balsamicoazijn
50 g fetakaas in blokjes
15 zwarte olijven
2 EL gehakte knoflookteentjes
270 ml water

Bij het olijfbrood met fetakaas passen: Waldorfsalade of *spaghetti met groenten en citroensaus* (zie bladzijde 63) smaken er lekker bij.

Provençaals brood met uien

BROOD/DEEGTYPE normaal
PROGRAMMA brood

Ingrediënten

1½ TL droge gist
280 g tarwemeel
100 g tarwebloem
120 g roggemeel
1 TL Provençaalse kruiden
1 TL suiker
2 TL zout
1 EL balsamicoazijn
1 EL zonnebloemolie
80 g versgebakken blokjes ui
310 g karnemelk

Bij het Provençaals brood met uien passen: pikant broodbeleg, gerookte ham, fijne botersoorten en verschillende rauwkostsalades.

Variatie: Snijd het brood in blokjes en serveer het om te dippen bij een kaasfondue. Venkelknollen met pijnpitten smaken er bijzonder lekker bij.

Aardappelbrood met kummelzaadjes

BROOD/DEEGTYPE normaal
PROGRAMMA brood

Ingrediënten

1½ TL droge gist
250 g tarwemeel
100 g tarwebloem
150 g fijn volkorentarwemeel
1 TL bruine suiker
1½ TL jodiumzout
100 g gepureerde, gekookte aardappelen
30 g crème fraîche
1 TL boter

2 EL geroosterd spek
$^1/_4$ TL muskaatpoeder
$^1/_2$ TL gemalen groene peper
$^1/_2$ TL grofgemalen kummelzaadjes
290 ml lauwwarme melk

Tip: Neem voor dit brood aardappelen die kruimig worden bij het koken. Laat ze op kamertemperatuur afkoelen voor u ze in de broodbakautomaat doet.

Bij het aardappelbrood met kummelzaadjes passen: een krachtig eenpansgerecht met bonen, chili con carne of een tomatensoep. Ook *obazda* (zie bladzijde 29) of smeerkaas kunnen erbij geserveerd worden.

Brood met paprika en courgette

BROOD/DEEGTYPE normaal
PROGRAMMA brood of rozijnen

Ingrediënten

$1^1/_2$ TL droge gist
450 g tarwemeel
1 TL acacia- of rozemarijnhoning
80 g grofgeraspte courgette
50 g fijngesneden, rode paprikablokjes
1 TL paprikapoeder (zoet)
1 snufje paprikapoeder (scherpe variant)
1 TL kerrie
270 ml lauwwarme melk

Tip: Maak de courgette grondig schoon. Strooi er een theelepel jodiumzout over, laat een tijdje trekken en pers de vrucht vervolgens uit.

Variatie: Varieer het recept af en toe door gele of groene paprika te gebruiken in plaats van rode.

Bij het brood met paprika en courgette passen: groentesoepen of een krachtige goulashsoep, kruidenkwark en alle mogelijke bonte salades.

Breng variatie aan in de honingsoorten die u bij het brood met paprika en courgette gebruikt: van klaver- en bergweidehoning via tijm- en gemengde bijenhoning tot kruipdenhoning is alles mogelijk.

Dit past bij groentebroden

Garneer de klaargemaakte champignons met een paar kleine cocktailtomaten en een beetje peterselie. Het oog wil ook wat!

Griekse champignons

Passen bijzonder goed bij het *karnemelkbrood met gekruide olijven* (zie bladzijde 58).

Ingrediënten voor 4 personen

300 g verse champignonhoedjes

sap van 2 citroenen

$^1/_8$ l droge witte wijn

250 ml water

1 TL suiker

$^1/_4$ TL zout

1 zakje kruiden, bestaande uit 12 korrels koriander en 12 peperbolletjes

1 laurierblad

$^1/_4$ TL fijngewreven tijm en $^1/_4$ TL venkelzaad

5 EL olijfolie

⏱ 25 minuten
Calorieën: 180 kcal/persoon

Bereiding

1. De champignons grondig wassen en in een zeef laten uitlekken. In een pan citroensap, witte wijn, suiker en zout aan de kook brengen.
2. De champignons en het zakje kruiden erbij voegen en ongeveer 5 minuten borrelend laten koken. Het vuur lager draaien en nog vijf minuten zachtjes laten sudderen.
3. De olijfolie erdoor roeren en de pan in de koelkast zetten. De champignons ongeveer 8 uur koud laten staan.
4. De champignons met een beetje kookvocht samen met het Griekse brood als pittig voorgerecht serveren.

Salade Niçoise

Past bijzonder goed bij *Zwitsers worteltjesbrood* (zie bladzijde 58).

Ingrediënten voor 4 personen

4 gepelde tomaten

300 g gekookte aardappelen

200 g prinsessenbonen (uit pot)

200 g tonijn (uit blik)

50 g zwarte olijven

50 g groene olijven

1 sjalot

6 EL olijfolie

4 EL azijn

zout

zwarte peper

2 kleine kroppen sla (alleen het binnenste deel)

⏱ 30 minuten
Calorieën: 383 kcal/persoon

Bereiding

1. De tomaten in vier stukken verdelen, de pitjes verwijderen en elk stuk in de lengte halveren. De aardappelen in dunne plakken snijden. De boontjes laten uitlekken.
2. De tonijn laten uitlekken en met een vork uit elkaar halen. Samen met de boontjes, plakken aardappel, partjes tomaat en met de zwarte en groene olijven in een schotel luchtig vermengen.
3. De sjalot pellen en in fijne blokjes snijden. Olijfolie, azijn, blokjes sjalot, een beetje water, zout en peper tot een pikante marinade roeren.
4. Het binnenste van de kroppen sla halveren, wassen, droogzwieren en telkens een halve krop op een bord leggen. De sla luchtig met de marinade vermengen, nogmaals op smaak brengen en verdelen.

Spaghetti met groenten en citroensaus

Past bijzonder goed bij *olijfbrood met fetakaas* (zie bladzijde 60).

Ingrediënten voor 4 personen

400 g spaghetti
100 g selderijknollen
200 g worteltjes
20 g boter
1 sjalot
50 ml droge witte wijn
300 g room
zout
zwarte peper
sap van 1/2 citroen
blaadjes basilicum voor de afwerking

● 40 minuten
Calorieën: 763 kcal/persoon

Bereiding

1. De spaghetti in een grote hoeveelheid kokend, zout water doen en in ongeveer 12 minuten beetgaar laten worden.
2. Intussen selderij en wortelen schillen en in luciferachtige pennetjes snijden. In een grote kom of in een pan de boter verhitten tot die schuimt. De sjalotten in blokjes snijden en stoven.
3. De groentepennetjes erin strooien en enkele minuten stoven. Met witte wijn bedruipen en pas als de vloeistof goed opgenomen is met room overgieten. Vijf minuten zachtjes laten sudderen.
4. De groenten in room met zout, peper en citroensap pikant op smaak brengen.
5. De spaghetti in een zeef laten uitlekken en meteen met de saus serveren.

Spaghetti smaakt het best als u hem 'al dente' kookt, zodat hij nog beetvast genoeg is zonder hard te zijn.

Vruchtenbroden

Het vruchtenbrood zou ook 'enzymenbrood' kunnen heten. Ananas, mango's, papaja's, chachi's en bananen zijn namelijk hoofdleveranciers van enzymen en 'katalysators' die de stofwisseling reguleren.

Tropisch vruchtenbrood

BROOD/DEEGTYPE rozijnenbrood
PROGRAMMA brood of rozijnen

Ingrediënten

$1^1/_2$ TL droge gist
450 g tarwemeel
1 TL bakpoeder
1 EL melkpoeder
30 g kokosvlokken
30 g grofgemalen amandelen
2 EL honing
1 TL zout
1 EL boter
300 ml water

Toe te voegen voor het rozijnenprogramma

30 g tarwekorrels of zonnebloempitten (ongeveer 8 uur tevoren laten weken)
50 g kleingesneden, verse, tropische vruchten (bv. ananas, mango, papaja, banaan of cachi)

Tip: In plaats van tarwekorrels kunt u ook drie eetlepels gerste- of speltschroot gebruiken, in plaats van de verse tropische ananas-, mango-, papaja-, cachivruchten en banaan kunt u een gedroogd vruchtenmengsel gebruiken.

Bij het tropisch vruchtenbrood passen: rauwkostsalades, gemengde kaasschotels, boter en verschillende kwarkmengsels. Daarnaast natuurlijk ook diverse romige soepen en lekker vegetarisch broodbeleg. Rauwe rodekool met verschillende droge vruchten smaakt er bijzonder lekker bij.

Brood met kersenyoghurt

BROOD/DEEGTYPE normaal
PROGRAMMA brood of rozijnen

Ingrediënten

$1^1/_2$ TL droge gist
450 g tarwemeel
150 g kersenyoghurt
2 EL kirsch- of amandellikeur
30 g ontpitte, kleingesneden kersen
3 TL melkpoeder
1 TL zout
1 TL bruine suiker
1 EL bakpoeder

1 TL honing
50 g appelmoes
1 TL geraspte sinaasappelschil
30 g fijngemalen walnoten of pecannoten
1 TL boter
100 ml water

Bij het brood met kersenyoghurt passen: kruidenthee, koffie en verschillende honing- en marmeladesoorten. De verfijnde *kwarkcrème met morellen* (zie bladzijde 69) smaakt er zeer lekker bij.

Mueslibrood met vijgen

BROOD/DEEGTYPE normaal
PROGRAMMA brood of rozijnen

Ingrediënten

1½ TL droge gist
350 g tarwemeel
100 g tarwebloem
50 g vruchtenmuesli, 20 g pistachenoten (weken in 50 ml water)
1 EL suiker
1 EL bakpoeder
1 TL zout
1 EL boter
1 TL gemberpoeder
50 g geplette, verse vijgen
20 g zonnebloempitten
100 ml appelsap
180 ml water

Bij het mueslibrood met vijgen passen: smeerkaas, vegetarisch broodbeleg, woudhoning of gemengde bijenhoning en marmelades. *Kwark met ham* (zie bladzijde 69) smaakt er lekker bij.

Rozijnenbrood met dadels

BROOD/DEEGTYPE rozijnenbrood
PROGRAMMA brood of rozijnen

Ingrediënten

1½ TL droge gist
350 g tarwemeel
100 g tarwebloem
1 EL melkpoeder
1 EL bakpoeder
2 TL honing, 1 TL zout
1 EL boter
280 ml water

Toe te voegen voor het rozijnenprogramma

30 g rozijnen
30 g kleingesneden dadels
4 EL geroosterde hazelnoten

Bij het rozijnenbrood met dadels passen: pindakaas, chocopasta, marmelades, jam of pikante kaas in plakjes. *Gorgonzolacrème* (zie bladzijde 69) smaakt er zeer lekker bij.

Omstreeks 1920 beschreef de Zwitserse dokter Bircher-Brenner voor het eerst een uit appelen, havervlokken en noten bestaand gerecht, dat algauw als 'muesli' bekend raakte. Creëer uw persoonlijke mueslivariant.

Honingbrood met bananen

BROOD/DEEGTYPE normaal
PROGRAMMA brood of rozijnen

Ingrediënten

$1^1/_2$ TL droge gist
400 g tarwemeel
1 TL bruine suiker
2 TL honing
1 TL melkpoeder
1 EL bakpoeder
1 TL zout
1 snufje gemalen kaneel
150 g geprakte bananen
30 g kleingesneden, gedroogde bananen
30 g boter
30 g geroosterde zonnebloempitten
130 ml water

Bij het honingbrood met bananen passen: verschillende soorten marmelade en jam, chocopasta. *Broodbeleg van droge vruchten* (zie bladzijde 68) smaakt er bijzonder lekker bij.

Tip: Hier komen verschillende soorten honing in aanmerking: van acaciahoning tot de bijzonder enzymenrijke gemengde bijenhoning.

Brood met appelen en abrikozen

BROOD/DEEGTYPE normaal
PROGRAMMA brood of rozijnen

Ingrediënten

1 TL droge gist
250 g tarwemeel
100 g tarwebloem
100 g fijn volkorentarwemeel
1 EL bakpoeder, 1 TL zout
50 g magere yoghurt
1 TL gemalen kaneel
1 TL gemalen gember
2 TL honing
3 EL gehakte walnoten
1 EL boter
50 g kleingesneden stukjes appel (het best Granny Smith)
30 g kleingesneden, gedroogde abrikozen
100 ml abrikozensap
120 ml water

Bij het brood met abrikozen en appel passen: zoet broodbeleg, koffie- en ijsspecialiteiten. *Yoghurtgelei met appelen* (zie bladzijde 68) smaakt er bijzonder lekker bij.

Het honingbrood met bananen is ideaal voedsel voor de zenuwen. Bananen zijn belangrijke leveranciers van kalium, calcium en magnesium. Honing bevat waardevolle enzymen.

Links: Gebruik voor het honingbrood met bananen - een brood met een rijke inhoud, dat men bijna als koek eten kan - verse en gedroogde bananen.

Dit past bij vruchtenbroden

Voedingsdeskundigen raden ahornstroop aan als vervanging voor suiker, omdat de stroop in tegenstelling tot suiker eiwit bevat en door het organisme beter wordt afgebroken.

Broodbeleg van droge vruchten

Past heel goed bij *honingbrood met bananen* (zie bladzijde 67).

Ingrediënten voor 4 personen

200 g gemengde, onbespoten droge vruchten (bv. abrikozen, pruimen, mango's, ananas)
250 ml zuiver appelsap
sap van 1 citroen
2 EL ahornstroop
1 EL geraspte kokosnoot

● 40 minuten
Calorieën: 212 kcal/persoon

Bereiding

1. De gemengde droge vruchten in heet water wassen tot het water helder blijft. In een zeef laten uitlekken en vervolgens in grove stukjes snijden.
2. De gesneden, droge vruchten in een pan goed mengen met het zuivere appelsap en ongeveer 20 minuten zachtjes laten sudderen.
3. De inhoud van de pan samen met het citroensap en de ahornstroop in de keukenmachine middelfijn pureren. In een glas of een geglazuurd, aardewerk kommetje gieten en met doorzichtige folie afsluiten.
4. Ofwel meteen opeten, ofwel binnen de vier tot zes dagen, bestrooid met de geraspte kokosnoot.

Tip: Naar believen een vruchtensoort kiezen, bv. gedroogde pruimen, en die met pruimenbrandewijn op smaak brengen.

Yoghurtgelei met appelen

Past erg goed bij *brood met appelen en abrikozen* (zie bladzijde 67).

Ingrediënten voor 4 personen

1/8 l zuiver appelsap
8 blaadjes witte gelatine
500 g yoghurt, 1 zoete appel
50 g rozijnen
5 cl rum of appellikeur
suiker naar smaak

● 30 minuten
Calorieën: 301 kcal/persoon

Bereiding

1. Het appelsap warm maken en daarin de gelatine oplossen. De inhoud van de kom grondig door

de yoghurt roeren. Afdekken en voor 1 tot 2 uur koel zetten.
2. De appel schillen, van het klokhuis ontdoen en in blokjes snijden. Met de rozijnen, de alcohol en de suiker mengen.

Kwarkcrème met morellen

Past bijzonder goed bij *brood met kersenyoghurt* (zie bladzijde 64).

Ingrediënten voor 4 personen

500 g magere kwark
2 EL honing
500 g tarwekiemen
2 EL kersensap
200 g ontpitte morellen (pot)

● 10 minuten
Calorieën: 226 kcal/persoon

Bereiding

1. De magere kwark met honing, tarwekiemen en twee eetlepels kersensap tot een crème roeren.
2. De toebereide kwark over vier schaaltjes verdelen en met de morellen garneren.

Kwark met ham

Past zeer goed bij *mueslibrood met vijgen* (zie bladzijde 65).

Ingrediënten voor 4 personen

150 g gekookte ham
1 bosje bieslook
500 g kwark
4 EL room

● 15 minuten
Calorieën: 222 kcal/persoon

Bereiding

1. De ham in blokjes snijden.
2. De kwark met de room tot een crème roeren. Blokjes ham en rondjes bieslook erbij voegen.

Gorgonzolacrème

Past bijzonder goed bij *rozijnenbrood met dadels* (zie bladzijde 65).

Ingrediënten voor 4 personen

200 g gorgonzola
100 g mascarpone
100 g zure room
50 g gehakte walnoten

● 15 minuten
Calorieën: 373 kcal/persoon

Bereiding

1. In een schaal de gorgonzola met een vork voorzichtig tot moes prakken. Vervolgens de mascarpone en de zure room erdoor mengen.
2. Met de gehakte walnoten garneren.

Zet de klaargemaakte gorgonzolacrème het best enkele uren koud voor u hem samen met het rozijnenbrood met dadels eet.

Zuurdeegbroden

Bij enkele zuurdeegrecepten hebben we bakpoeder toegevoegd, omdat het brood daardoor soepeler wordt. U kunt het echter evengoed weglaten.

Rechts: Volkoren speltdeeg bestaat bijna uitsluitend uit speltmeel, een oervorm van tarwe die zeer rijk aan voedingsstoffen is.

Volkoren speltbrood

BROOD/DEEGTYPE meergranen
PROGRAMMA brood

Ingrediënten

1½ TL droge gist
350 g grove speltschroot
100 g griesmeel van spelt
100 g fijn volkorenroggemeel
1 TL suiker
1 TL zout
4 EL speltschroot
3 EL vloeibaar zuurdeeg
1 mespunt komijn
360 g karnemelk
1 TL bakpoeder

Bij het volkoren speltbrood passen: vegetarisch broodbeleg, gesneden kaas of een fijne groentesoep.

Gemengd Grahambrood

BROOD/DEEGTYPE volwaardig
PROGRAMMA snel brood of brood

Ingrediënten

1½ TL droge gist
3 EL vloeibaar zuurdeeg
100 g Grahammeel
1 TL bakpoeder
100 g roggemeel
300 g tarwemeel
1½ TL zout
310 g karnemelk
1 TL suikerstroop
1 TL zonnebloemolie

Bij gemengd Grahambrood passen: worstsalades, gegratineerde groentegerechten. Het *Silezische jagersgerecht* (zie bladzijde 73) smaakt er bijzonder lekker bij.

Licht, gemengd roggebrood

BROOD/DEEGTYPE volwaardig
PROGRAMMA brood

Ingrediënten

1½ TL droge gist
3 EL vloeibaar zuurdeeg
50 g tarwe- of sojaschroot
150 g roggemeel
380 g tarwemeel
1 TL bakpoeder
1 EL suiker
1½ TL zout
2 EL magere yoghurt

Afhankelijk van de mate waarin u houdt van de smaak van anijs, kunt u een klein beetje meer of minder dan een eetlepel anijszaad nemen.

1 EL plantaardige olie
320 ml water

Bij het lichte, gemengde roggebrood passen: knoflookboter of -pasta, bonte salades. *Turkse wortelsalade* (zie bladzijde 73) smaakt er heel lekker bij.

Licht, gemengd tarwebrood

BROOD/DEEGTYPE volwaardig
PROGRAMMA brood

Ingrediënten
1½ TL droge gist
80 g vloeibaar zuurdeeg
1 TL bakpoeder
370 g tarwemeel
130 g roggemeel
30 g zonnebloempitten
1 TL broodkruiden
1½ TL zout
275 ml water

Bij het lichte, gemengde tarwebrood passen: kaas- en broodbeleg, goulashsoep.

Speltbrood met anijs

BROOD/DEEGTYPE volwaardig
PROGRAMMA brood

Ingrediënten
1½ TL droge gist
300 g volkoren speltmeel
100 g volkoren roggemeel
1 TL anijszaden
30 g zonnebloempitten
1 TL zout
2 TL ahornstroop
4 EL zuurdeeg
320 g karnemelk
1 TL balsamicoazijn

Bij het speltbrood met anijs passen: zalmmousse en gerookte visfilets, smeerkaas.

Donker, gemengd tarwebrood

BROOD/DEEGTYPE volwaardig
PROGRAMMA brood

Ingrediënten
1½ TL droge gist
3 EL vloeibaar zuurdeeg
1 TL bakpoeder
350 g tarwemeel
150 g roggemeel
1 TL balsamicoazijn
1½ TL zout
2 EL suiker
1 EL suikerstroop
320 g karnemelk

Bij het donkere, gemengde tarwebrood passen: een mengsel van gesneden worst en kaas, eenpansgerechten. *Gevulde dadels* (zie bladzijde 75) smaken er bijzonder goed bij.

Dit past bij zuurdeegbroden

Turkse wortelsalade

Past bijzonder goed bij het *lichte, gemengde roggebrood* (zie bladzijde 70).

Ingrediënten voor 4 personen
500 g worteltjes
2 teentjes knoflook
4 EL olijfolie
zout
zwarte peper
100 g yoghurt van volle melk

● 70 minuten
Calorieën: 155 kcal/persoon

Bereiding

1. De worteltjes schillen en fijnraspen. De teentjes knoflook pellen en hakken.
2. De olijfolie verhitten en daarin de geraspte worteltjes onder voortdurend roeren enkele minuten stoven. Met zout en peper kruiden.
3. De inhoud van de pan met yoghurt mengen en voor ongeveer een uurtje in de koelkast zetten.

Tip: Met gehakte, gladde peterselie of een beetje basilicum garneren.

Silezisch jagersgerecht

Past bijzonder goed bij *gemengd Grahambrood* (zie bladzijde 70).

Ingrediënten voor 2 personen
2 zoute haringen
1 l mineraalwater
50 g gerookt spek
1 ui
2 augurken in het zuur
1 bosje bieslook
zout
zwarte peper
1 scheutje azijn
2 sneden gemengd Grahambrood
1 TL boter

● 40 minuten
Calorieën: 801 kcal/persoon

Bereiding

1. De zoute haringen in een schaal leggen, met een liter mineraalwater overgieten, met doorzichtige folie afdekken en ongeveer 12 uur in de koelkast laten staan.
2. Het gerookte spek in zeer fijne blokjes snijden. De ui pellen en hakken. Vervolgens de augurken in fijne blokjes snijden.
3. De zoute haringen uit het water nemen, met keukenpapier

In de periode van het grote Osmaanse rijk gold de wortel als een vruchtbaarheidssymbool. Vandaag waarderen voedingsdeskundigen hem omwille van zijn hoog gehalte aan provitamine A.

droogdeppen, het vel en eventueel de graat verwijderen en in kleine blokjes snijden. Het bieslook wassen en in rondjes snijden.
4. In een schaal de klaargemaakte ingrediënten luchtig mengen en met zout en peper en een beetje azijn op smaak brengen.
5. De sneden brood dik met boter besmeren en het haringmengsel erover verdelen.

Tip: Hierbij kwark en aardappel in de schil eten en genoeg drankjes klaarhouden.

Gevulde dadels

Passen goed bij *donker, gemengd tarwebrood* (zie bladzijde 72).

Ingrediënten voor 4 personen

16 verse dadels
100 g ongerijpte kaas met dubbele room
1 scheutje tabascosaus
1 scheutje citroensap
1 TL brandewijn
1 EL crème fraîche
zout
cayennepeper
4 sneden donker, gemengd tarwebrood

40 minuten
Calorieën: 366 kcal/persoon

Bereiding

1. De dadels wassen, droogdeppen en de pit eruit halen.
2. De ongerijpte kaas met tabascosaus, citroensap, brandewijn en crème fraîche tot een crème roeren. Met zout en cayennepeper op smaak brengen.
3. De dadels met de crème vullen en op een serveerbord schikken. De sneden brood in handige staafjes snijden en tussen de dadels leggen.

De dadels moet u zo vers mogelijk in een delicatessenwinkel - of goedkoper in Turkse en Griekse winkels - kopen. De vruchten vol vitaminen zijn afkomstig van het geslacht van de ebbenhoutgewassen in China, Japan en de landen aan de Middellandse Zee.

Links: Het donkere, gemengde tarwebrood wordt met balsamicoazijn en karnemelk bereid. Daardoor krijgt het zijn bijzonder fijne smaak.

Heerlijke broden voor 's zondags

Het glutenvrije brood is ideaal voor personen die problemen hebben met de vertering van eiwitten (coeliakie). De kleine hoeveelheden eiwit die in het tarwezetmeel aanwezig zijn, verdraagt het organisme doorgaans.

Fijn theebrood voor twee

BROOD/DEEGTYPE normaal
PROGRAMMA brood of rozijnen

Ingrediënten

- *$1\frac{1}{2}$ TL droge gist*
- *500 g tarwebloem*
- *1 pakje vanillesuiker*
- *1 TL acaciahoning of gemengde bijenhoning*
- *1 TL zout*
- *1 TL gehakte gember*
- *20 g gehakte amandelen*
- *40 g sultanarozijnen*
- *1 EL whisky*
- *1 ei*
- *100 ml room of gecondenseerde melk*
- *310 ml water*

Tip: Theebrood van de vorige dag in thee dopen. Naar keuze met één tot twee eetlepels rozijnen bakken.

Bij het fijn theebrood voor twee passen: kwaliteitsboter, marmelade en in het bijzonder acaciahoning voor het theeuurtje. Zoetzure *gelei van bloedsinaasappelen* (zie bladzijde 80) met karnemelk smaakt er bijzonder lekker bij.

Glutenvrij brood

BROOD/DEEGTYPE normaal
PROGRAMMA brood

Ingrediënten

- *$1\frac{1}{2}$ TL droge gist*
- *400 g glutenvrij meel*
- *100 g tarwezetmeel*
- *30 g lijnzaad*
- *1 TL zout*
- *1 EL suiker*
- *200 ml water*
- *200 ml melk*

Tip: Het glutenvrije meel is in speciaalzaken of reformwinkels verkrijgbaar.

Bij het glutenvrije brood passen: kaas, ham, bonte salades en soepen. *Veldsla met walnoten* (zie bladzijde 81) smaakt er bijzonder lekker bij.

Engels toastbrood

BROOD/DEEGTYPE snel
PROGRAMMA brood

Ingrediënten

1½ TL droge gist
500 g tarwebloem
2 TL zout
1 TL suiker
2 TL boter
50 g zonnebloempitten
310 ml water

Tip: Eén of twee dagen oud toastbrood dat u in de broodrooster roostert, smaakt heerlijk.

Bij het Engels toastbrood passen: kruidig beleg en ongerijpte kaas, kruidenboter, acaciahoning, marmelades, ham, kaas. Lekkerbekken eten het Engels toastbrood met een crème van noten en noga, die op warme toast als vloeibare chocolade smaakt.

Wittebrood Parisienne

BROOD/DEEGTYPE normaal
PROGRAMMA brood

Ingrediënten

1½ TL droge gist
500 g tarwebloem
1 EL suiker; 1 ei
1 EL zout
2 EL boter
310 ml water

Bij het wittebrood Parisienne passen: pikante kaassoorten en een glaasje rode wijn. *Tomatensoep met gin* (zie bladzijde 80) smaakt er bijzonder lekker bij.

Chocoladebrood met kokos

BROOD/DEEGTYPE normaal
PROGRAMMA brood of rozijnen

Ingrediënten

1½ TL droge gist
450 g tarwemeel
50 g chocoladedruppels om te bakken
1 TL ahornstroop
80 g geraspte kokosnoot
2 EL vloeibare, sterke espresso
1 TL zout
1 ei
1 TL cacaopoeder
1 EL boter
1 EL chocolade- of notenlikeur
30 g grofgehakte, geroosterde hazelnoten
100 g room of gecondenseerde melk
150 ml water

Bij het chocoladebrood met kokos passen: gezouten boter, gemengde bijenhoning, marmelade, Irish

Het wittebrood Parisienne is ideaal om in een kruidige tomatensoep of in de koude groentesoep uit Spanje (zie bladzijde 31) te dopen.

coffee, hete chocolade of thee. *Bananenmilkshake* (zie bladzijde 81) smaakt er bijzonder lekker bij.

Luxebrood

BROOD/DEEGTYPE normaal
PROGRAMMA brood

Ingrediënten

1 TL droge gist
450 g tarwebloem
1 EL honing
1 TL zout
2 EL boter
1 ei
30 g grofgehakte, geroosterde pistachenoten
30 g geroosterde zonnebloempitten
120 ml water
100 ml melk

Bij het luxebrood passen: kwaliteitsboter, marmelades, zoet en pikant broodbeleg, spiegel- of roereieren. Ook verschillende honingsoorten, bv. kruidige woudhoning. Broodbeleg van noten met worteltjes smaakt er bijzonder goed bij.

Links: Het fijn theebrood wordt met gember, amandelen en rozijnen bereid en smaakt natuurlijk ook bij koffie.

Onder: Als u het chocoladebrood met kokos met het rozijnenprogramma bakt, worden de chocoladecrisp en de hazelnoten niet verkleind.

Dit past bij zondagse broden

In Zuid-Frankrijk en Baskenland wordt gelei van bloedsinaasappelen graag bij toastbrood met honing geserveerd.

Gelei van bloedsinaasappelen

Past bijzonder goed bij *fijn theebrood voor twee* (zie bladzijde 76).

Ingrediënten voor 4 personen

6 blaadjes rode gelatine
250 g zure room
125 ml sap van bloedsinaasappelen
125 ml karnemelk
100 g suiker
sap en afgeraspte schil van ½ citroen

● 30 minuten zonder koeltijd
Calorieën: 268 kcal/persoon

Bereiding

1. De gelatine in koud water laten weken. Met een elektrische handmixer zure room, sap van bloedsinaasappelen, karnemelk, suiker en citroenschil en -sap mixen.
2. De gelatine goed droogdeppen en volgens de aanwijzingen op de verpakking in de magnetron of in enkele eetlepels heet water vloeibaar maken.
3. De gelatine grondig door de crème roeren en in vier schaaltjes gieten. Ongeveer twee uur in de koelkast zetten om op te stijven.

Tip: Fijn theebrood van één tot twee dagen oud in een pan roosteren en met de gelei van bloedsinaasappelen besmeren.

Tomatensoep met gin

Past bijzonder goed bij *wittebrood Parisienne* (zie bladzijde 77).

Ingrediënten voor 4 personen

2 teentjes knoflook
2 uien
1 kg tomaten
4 EL olijfolie
2 EL gin
1 l groente- of vleesbouillon
2 EL boter
1 EL meel
1 snuifje suiker
1 EL versgehakte kruiden, bv. basilicum, peterselie, marjolein

● 60 minuten
Calorieën: 267 kcal/persoon

Bereiding

1. Knoflook en uien pellen en in fijne blokjes snijden. De tomaten wassen en in grove stukken snijden.
2 In een kom de olijfolie verhitten. Blokjes ui en knoflook daarin

glazig stoven. De stukjes tomaat erbij voegen en ongeveer vijf minuten laten doorbakken waarbij u meermaals zachtjes roert.
3. Met gin blussen en met bouillon overgieten. Naar smaak met zout en peper kruiden. Op een klein vuurtje ongeveer 30 minuten laten sudderen.
4. In een kom boter en meel tot een heldere roux roeren. De tomatensoep door een zeef bij de meelroux gieten. Nog vijf minuten zachtjes laten sudderen. Met suiker op smaak brengen en de kruiden erdoor roeren.

Bananenmilkshake

Past bijzonder goed bij het *chocoladebrood met kokos* (zie bladzijde 77).

Ingrediënten voor 1 persoon

1 banaan
200 ml melk
1 EL honing
2 EL gemalen walnoten

● 5 minuten
Calorieën: 479 kcal/persoon

Bereiding

1. De banaan pellen en in schijfjes snijden.
2. Al de ingrediënten in de keukenmachine doen en flink laten schuimen.
3. Koel serveren.

Veldsla met walnoten

Past bijzonder goed bij *glutenvrij brood* (zie bladzijde 76).

Ingrediënten voor 4 personen

400 g veldsla
2 sjalotten
5 EL zonnebloemolie
4 EL sherryazijn
zout
zwarte peper
1 snufje suiker
50 g gehakte walnoten

● 20 minuten
Calorieën: 234 kcal/persoon

Bereiding

1. De veldsla schoonmaken, grondig wassen en laten uitlekken. De sjalotten pellen en in fijne blokjes snijden.
2. Zonnebloemolie, azijn, blokjes sjalot, zout, peper en de suiker tot een pikante marinade roeren.
3. In een grote schotel de veldsla, de marinade en de gehakte walnoten luchtig mengen.

Omdat veldsla, die rijk aan vitaminen en spoorelementen is, een beetje bitter smaakt, kunt u naar smaak de hoeveelheid suiker verhogen of suikermelasse gebruiken.

Broodmachine en bakoven gecombineerd

Varieer het krakelingenrecept door de krakelingen niet met zout, maar met sesamzaad of andere korrels te bestrooien.

Rechts: Krakelingen krijgen hun bijzondere smaak door de soda.

Krakelingen

BROOD/DEEGTYPE normaal
PROGRAMMA deeg

Ingrediënten

1 TL droge gist
200 g tarwemeel
200 g fijn volkorentarwemeel
1 TL jodiumzout
1 TL suiker
30 g boter
225 g karnemelk

Bovendien

5 g soda voor huishoudelijk gebruik
zout met een grove korrel

Tip: Verse krakelingen kunt u bij elke gelegenheid en op elk uur van de dag serveren: 's morgens, tijdens de middagpauze, bij het theeuurtje, bij het avondbrood. Bijzonder lekker smaken de krakelingen met boter en kaas.

Bereiding

1. Het deeg uit de machine nemen en op een met meel bestrooid werkblad doorkneden.
2. De bakoven op 220°C voorverwarmen en een bakblik invetten. Met het krakelingendeeg ongeveer 15 dunne strengen van gelijke lengte rollen. Die zo kunstig mogelijk tot krakelingen vormen.
3. In een kom een halve liter water met de soda aan de kook brengen. De kom van het vuur nemen en de krakelingen erin onderdompelen. De krakelingen met grofkorrelig zout bestrooien.
4. De krakelingen 25 minuten bakken.

Brioches

BROOD/DEEGTYPE normaal
PROGRAMMA deeg

Ingrediënten

$1\frac{1}{2}$ TL droge gist
350 g tarwebloem
50 g suiker
1 EL zout
100 g boter
3 eierdooiers

Brioches zijn zeer rijk aan calorieën. Gun ze uzelf daarom als een bijzonder extraatje bij het vieruurtje.

een beetje afgeraspte schil van 1 citroen
$^1/_2$ pakje vanillesuiker
120 ml water

Om te besmeren
1 geklutste eierdooier

Bereiding

1. Het deeg uit de machine nemen en op een met meel bestrooid werkblad enkele minuten doorkneden.
2. Met het meel ongeveer 20 balletjes vormen. Van elk deegballetje een klein stukje deeg afnemen en daarmee een kleiner balletje vormen. Bovenop elke grote bal een kleine zetten.
3. De bakoven op 200°C voorverwarmen. De deegballetjes op een ingevet bakblik leggen en ongeveer 30 minuten in de oven laten rijzen.
4. De deegballetjes met geklutst eigeel bestrijken en ongeveer 30 minuten in de oven bakken.

Tip: Gebruik speciale briochevormpjes.

Bij brioches passen: lindehoning, beleg van chocolade en noten, een glaasje bitter (bv. jenever met bitterextract), koffie met melk. De *licht benevelde fruitsla* (zie bladzijde 91) smaakt er bijzonder lekker bij.

Botercake met suikeramandelen

BROOD/DEEGTYPE normaal
PROGRAMMA deeg

Ingrediënten
500 g tarwebloem
1 vers blokje gist
3 EL suiker
250 ml lauwwarme melk
3 eierdooiers, 2 EL boter
1 snufje zout

Voor het beleg
180 g boter
1 pakje vanillesuiker
1 EL kaneel
100 g suiker
50 g fijngesneden amandelen

Bereiding

1. Het meel in de broodbakmachine doen en met de hand een kuiltje vormen. De gist in het kuiltje brokkelen, de suiker erover strooien en de melk erover gieten.
2. Eierdooier, boter en zout erbij voegen en het automatische deegprogramma instellen.
3. Het deeg op een met meel bestrooid werkblad uitrollen. Een bakblik met ingevet bakpapier

bekleden en daarop het deeg leggen.
4. Met de steel van de pollepel gelijkmatig lichte kuiltjes in het deeg drukken. De stukjes boter over deze kuiltjes verdelen. Dan de suiker en vervolgens de fijngesneden amandelen erover strooien.
5. Het deeg ongeveer 30 minuten laten rusten en de bakoven op 180°C voorverwarmen. De cake in de bakoven schuiven en in 30 minuten goudgeel bakken.

Bij botercake met suikeramandelen passen: diverse koffiespecialiteiten, milkshakes, koude cocktails. *Koffie diable* (zie bladzijde 93) smaakt er bijzonder lekker bij.

Rozijnenbroodjes

BROOD/DEEGTYPE normaal
PROGRAMMA deeg of rozijnen

Ingrediënten

$1^1/_2$ TL droge gist
400 g tarwebloem
50 g suiker
60 g boter op kamertemperatuur
1 ei
50 g rozijnen
150 ml melk

Om te besmeren

50 g vloeibare boter

Bereiding

1. Het deeg uit de machine nemen en op een met meel bestrooid werkblad doorkneden.
2. Met het deeg balletjes van gelijke grootte vormen en die op een ingevet bakblik leggen.
3. De rozijnenbroodjes met boter besmeren en ongeveer 30 minuten laten rijzen. De bakoven op 200°C voorverwarmen.
4. De rozijnenbroodjes in de oven schuiven en in 20 tot 30 minuten (afhankelijk van de grootte!) goudbruin bakken.

Bij rozijnenbroodjes passen: kwaliteitsboter, woudhoning, marmelades en milkshakes. U kunt de broodjes ook in koffie dopen. De *chocolademelk met rum* (zie bladzijde 92) smaakt er zeer lekker bij.

Noedels

BROOD/DEEGTYPE normaal
PROGRAMMA deeg

Ingrediënten

500 g tarwebloem
5 eieren
5 EL water
1 TL zout
meel voor het werkblad

Rozijnen is een verzamelnaam voor de (in de zon of ook kunstmatig) gedroogde, voedzame vruchten van verschillende druivensoorten. De beste producten komen uit Griekenland of Turkije.

Om goed gebak te maken dat er toch niet als brood uitziet, is de combinatie van broodmachine en bakoven de ideale, tijdsparende oplossing.

Rechts: Stokbroden passen bij elk gerecht. U kunt ze zowel met zoete als met hartige bijgerechten serveren.

Bereiding

1. Het nog onvaste deeg uit de machine nemen en met een beetje meel krachtig doorkneden.
2. Het deeg dun uitrollen en even laten drogen.
3. Vervolgens uit het deeg noedels snijden en die in kokend, zout water doen. De noedels enkele minuten laten koken, afgieten en met een fijne saus meteen eten.

Bij het noedeldeeg passen: garnalensaus, bolognesesaus, kaassaus. *Groentesaus* (zie bladzijde 92) smaakt er bijzonder lekker bij.

Stokbrood

BROOD/DEEGTYPE normaal
PROGRAMMA deeg

Ingrediënten

1 TL droge gist
350 g tarwemeel
120 g tarwebloem
2 EL suiker
1 TL zout
60 g boter
100 ml melk
180 ml water

Bereiding

1. De ingrediënten in de aangegeven volgorde in de broodmachine doen en het automatische deegprogramma instellen.
2. Het deeg uit de machine nemen en op een met meel bestrooid werkblad doorkneden.
3. Met het deeg stokbroden van een zelfgekozen lengte en dikte vormen. De stokbroden op een ingevet bakblik leggen en ongeveer 30 minuten laten rusten. Intussen de bakoven op 200°C voorverwarmen.
4. De stokbroden in de oven schuiven en in ongeveer 30 minuten goudbruin bakken. Een beetje laten afkoelen.

Tip: De stokbroden in kruiden of granen naar keuze wentelen. Varieer het recept door verse karnemelk of drinkyoghurt in plaats van melk te gebruiken.

Bij stokbroden passen: alle soorten zoet en pikant broodbeleg, gesneden worst, ham en kaas. De *tonijnsla* (zie bladzijde 92) smaakt er bijzonder lekker bij.

Klassiek pizzadeeg

BROOD/DEEGTYPE normaal
PROGRAMMA deeg

Ingrediënten

1 TL droge gist
400 g tarwebloem

In plaats van water kunt u bij het mengen van het pizzadeeg ook dezelfde hoeveelheid karnemelk gebruiken. Het deeg wordt dan iets soepeler en zachter van smaak.

200 ml water
1 TL suiker
4 EL olijfolie
1½ TL zout

Tip: Als u speciale pizza's (bijvoorbeeld met ham, champignons, salami of tonijn) wilt klaarmaken, is het aan te raden meteen bij de aankoop naar de erbij passende ingrediënten uit te kijken. Tomatenpuree hebt u in ieder geval nodig.

Bereiding

1. Het deeg uit de machine nemen en op een met meel bestrooid werkblad doorkneden.
2. Een bakblik met olijfolie invetten, het deeg dun uitrollen en erop leggen. Het deeg ongeveer 20 minuten laten rusten. De bakoven op 200°C voorverwarmen.
3. Het pizzadeeg naar believen beleggen. De pizza in ongeveer 20 minuten bakken.

Roggebroodjes

BROOD/DEEGTYPE normaal
PROGRAMMA deeg

Ingrediënten
1 TL droge gist
100 g roggemeel
200 g fijn volkorentarwemeel
30 g in de week gezette roggeschroot
1 TL suiker
1 TL zout
150 g magere yoghurt
100 ml water
30 g boter

Tip: Varieer het recept door geen water te gebruiken. Neem in plaats van 150 g magere yoghurt gewoon 250 g. De broodjes smaken dan melkachtiger.

Bereiding

1. Het deeg uit de machine nemen en op een met meel bestrooid werkblad doorkneden.
2. Uit het deeg kleine broodjes vormen, die op een ingevet bakblik leggen en wat laten rusten. De bakoven op 200°C voorverwarmen.
3. De roggebroodjes ongeveer 15 minuten lang (afhankelijk van de grootte!) bakken.

Witte stokbroden

BROOD/DEEGTYPE normaal
PROGRAMMA deeg

Ingrediënten
2 TL droge gist
500 g tarwebloem
1 TL suiker

1 TL zout

2 EL olijfolie

Bereiding

1. Het deeg uit de machine nemen en op een met meel bestrooid werkblad meermaals doorkneden. Enkele minuten laten rusten.
2. Het deeg in vier stukken van gelijke grootte verdelen en elk stuk tot een langwerpig stokbrood vormen. Vervolgens elk stokbrood met een mes dwars insnijden en ongeveer 30 minuten laten rusten.
3. De bakoven op 180°C voorverwarmen. De witte stokbroden op een ingevet bakblik leggen, in de voorverwarmde bakoven schuiven en in ongeveer 20 minuten knapperig bakken.

Tip: Kies een kruidig, pikant beleg voor de baguette.

Belegde plaatkoek

BROOD/DEEGTYPE normaal
PROGRAMMA deeg

Ingrediënten

$1^1/_2$ TL droge gist

500 g tarwebloem

1 TL zout

100 g suiker

125 ml melk

125 g room

100 g boter

1 ei

Voor het beleg

verse vruchten, bv. pruimen, appelen of kersen

1 TL kaneel

suiker

Bereiding

1. Het deeg uit de machine nemen, nog een keertje krachtig doorkneden en op een met meel bestrooid werkblad uitrollen.
2. Een bakblik invetten en met het deeg bekleden. Ongeveer 30 minuten laten rijzen. De bakoven op 200°C voorverwarmen.
3. Het deeg naar believen met de verse vruchten beleggen en met kaneel en suiker bestrooien.
4. De vruchtenkoek in de voorverwarmde oven schuiven en ongeveer 25 minuten bakken.

Bij belegde plaatkoek passen: verschillende soorten vruchtenthee, cappuccino, espresso en veel room om bovenop de koek te spuiten. *Advocaatroom* (zie bladzijde 91) smaakt er bijzonder lekker bij.

Ook smakelijke aardbeien, zoete nectarines of fruitige abrikozen lenen zich uitstekend voor het beleggen van de plaatkoek.

Voor het glazuur van een vanillehoorntje hebt u 90 gram poedersuiker en twee tot drie eetlepels water nodig. Om te besmeren een beetje vloeibare boter.

Vanillehoorntjes voor het ontbijt

BROOD/DEEGTYPE normaal
PROGRAMMA brood

Ingrediënten

1½ TL droge gist
500 g tarwemeel
250 g magere yoghurt
2 pakjes vanillesuiker
een beetje verse vanille
1 TL suiker
1 TL zout
100 ml melk
Calorieën: 172 kcal/stuk

Bereiding

1. Het deeg uit de machine nemen en kneden.
2. Uit het deeg twaalf driehoeken snijden, die uitrollen en de uiteinden samenbrengen, zodat u een hoorntje krijgt.
3. Met een geklutste eidooier bestrijken en op 220°C ongeveer 20 minuten bakken.

Notenkrans met gist

BROOD/DEEGTYPE normaal
PROGRAMMA brood of rozijnen

Ingrediënten

1½ TL droge gist
450 g tarwemeel
30 suiker
1 TL jodiumzout, 1 ei
30 g gekonfijte citroenschil, 30 g gekonfijte sinaasappelschil (sukade)
3 EL rozijnen
230 ml lauwwarme melk

Voor de vulling

250 g grofgehakte hazelnoten
40 g gehakte walnoten
30 g paneermeel, 80 g suiker
2 TL rum, 125 ml water
Calorieën: 5172 kcal in totaal

Bereiding

1. Het deeg in drie porties verdelen.
2. Ongeveer ½ centimeter dik uitrollen, de notenvulling erop smeren en oprollen.
3. De gevulde gistdeegrol in een ingevette kransvorm leggen en het deegoppervlak met de vloeibare boter bestrijken.
4. In de op 190°C voorverwarmde oven 50 minuten bakken.
5. De notenkrans uit de oven halen, even laten afkoelen en voorzichtig uit de bakvorm kantelen.

Dit past erbij

Advocaatroom

Past bijzonder goed bij *belegde plaatkoek* (zie bladzijde 89).

Ingrediënten voor 4 personen

250 g room
1 EL suiker
5 cl advocaat

Om te bestrooien

cacaopoeder en poedersuiker

10 minuten
Calorieën: 237 kcal/persoon

Bereiding

1. De room met de suiker stijfkloppen.
2. De advocaat voorzichtig door de room roeren. Een schaal met de advocaatroom vullen en met cacaopoeder en poedersuiker bestrooien.

Licht benevelde fruitsla

Past bijzonder goed bij *brioches* (zie bladzijde 82).

Ingrediënten voor 2 personen

1 sinaasappel
2 mandarijntjes
200 g kersen
1 peer
1 banaan
2 EL maraskinokersen
2 EL citroensap
5 cl kirsch
suiker naar smaak

10 minuten
Calorieën: 438 kcal/persoon

Bereiding

1. De sinaasappel en de mandarijntjes met een mes zo schillen dat ook het wit verwijderd wordt. Met het mes het vruchtvlees tussen de vliesjes uitsnijden. Het sap uit het vruchtvlees persen dat nog tussen de vliesjes is blijven zitten.
2. De kersen wassen en ontpitten. De peer schillen, van het klokhuis ontdoen en in schijven snijden. De banaan pellen en in schijfjes snijden.
3. Alle ingrediënten in een schaal luchtig mengen en op smaak brengen zoals u het zelf lekker vindt.

Tip: Als u de fruitsla voor het ontbijt klaarmaakt, kunt u de alcohol beter weglaten.

In plaats van met kersen kunt u de fruitsla ook met pruimen maken. Natuurlijk gebruikt u dan geen kirsch, maar pruimenbrandewijn.

Chocolademelk met rum

Past bijzonder goed bij *rozijnen-broodjes* (zie bladzijde 85).

Ingrediënten voor 1 glas

1/8 l melk
1 EL cacaopoeder
1 TL suiker en naar smaak 2 cl rum
1 bol chocolade-ijs

Om te bestrooien

geraspte chocolade

10 minuten
Calorieën: 331 kcal/persoon

Bereiding

1. De melk met een elektrische handmixer samen met het cacao-poeder, de suiker en de rum krachtig opkloppen.
2. De bol ijs in een hoog glas doen en met de chocolademelk overgieten. De geraspte chocolade erover strooien.

De chocolademelk met rum smaakt ook heerlijk warm of heet. Als alternatief voor chocolade-ijs komen vanille-, noten- of ook citroenijs in aanmerking.

Tonijnsla

Past bijzonder goed bij *stokbrood* (zie bladzijde 86).

Ingrediënten voor 2 personen

1 klein blikje tonijn
2 EL mayonaise
1 TL citroensap
zout
zwarte peper
2 stokbroden
2 blaadjes van een kropsla

10 minuten
Calorieën: 565 kcal/persoon

Bereiding

1. De tonijn goed laten uitlekken en in de keukenmachine samen met de mayonaise en het citroensap grof pureren.
2. De tonijnsla naar smaak met zout en peper kruiden. De stokbroden in de lengte insnijden (niet doorsnijden!).
3. De blaadjes sla wassen en in repen snijden. Samen met de tonijnsla tussen de stokbroden leggen.

Tip: De tonijnsla aanvullend met een scheutje witte wijn, gehakte kappertjes en een beetje sap van kappertjes op smaak brengen.

Groentesaus

Past bijzonder goed bij *noedels* (zie bladzijde 85).

Ingrediënten voor 4 personen

1 kleine ui
2 teentjes knoflook
1 wortel

100 g selderijknollen
2 EL boter
50 ml witte wijn
200 g room
zout
zwarte peper
een beetje citroensap
1 EL gehakte peterselie
⏱ 20 minuten
Calorieën: 212 kcal/persoon

Bereiding

1. De ui en de teentjes knoflook pellen en fijnhakken. De wortel en de selderij schillen en in fijne repen snijden.
2. In een pan de boter verhitten en daarin het mengsel van ui en knoflook licht bruinbakken. De reepjes wortel en selderij erbij voegen en enkele minuten laten stoven.
3. De groenten met witte wijn blussen en met room overgieten. De saus ongeveer vijf minuten zachtjes laten sudderen. Met zout, peper en citroensap op smaak brengen. Tot slot de peterselie erdoor roeren.

Tip: Wat de groenten betreft, hebt u talrijke variatiemogelijkheden. Afhankelijk van uw smaak, komen ook prei of savooi in aanmerking.

Koffie diable

Past zeer goed bij *botercake met suikeramandelen* (zie bladzijde 84).

Ingrediënten voor 1 persoon
1 EL suiker
4 cl brandewijn
1 grote kop koffie
telkens 1 kleine citroen- en 1 kleine sinaasappelschil
4 cl curaçao triple sec
2 EL dikke vloeibare room
⏱ 10 minuten
Calorieën: 362 kcal/persoon

Bereiding

1. De suiker in een kleine pan laten smelten terwijl u voortdurend roert. Voorzichtig de brandewijn erover gieten, blijven roeren en met koffie overgieten.
2. De citroen- en sinaasappelschil erin leggen en de curaçao erbij gieten.
3. Kort voordat de koffie kookt de citroen- en sinaasappelschil verwijderen en de koffie in een kop gieten. Met een laagje dikke vloeibare room bedekken.

Tip: Het oog wil ook wat... Hecht u daar belang aan, maak dan een heel mooi torentje van room.

De 'duivelse' koffie verkrijgt zijn bijzondere smaak door de triple sec. De hoeveelheid kunt u helemaal naar eigen smaak variëren.

Receptenregister

Cursief gedrukte bladzijdenummers verwijzen naar afbeeldingen.

U kunt het meel dat vermeld wordt bij de recepten bij de maalder in uw buurt of in de supermarkt kopen.

Een expert op het gebied van meel is ongetwijfeld AVEVE. Het assortiment van AVEVE is erg uitgebreid en voorziet voor elke broodsoort het beste meel. Speciaal voor de broodmachine ontwikkelde AVEVE een aantal meelsoorten die de kans op slagen aanzienlijk vergroten. Aan deze meelsoorten werd lactose toegevoegd, een natuurlijk melksuiker. Dit geeft een weinig zoete smaak aan het brood en zorgt voor een groot volume en een luchtige structuur.

In het schema hieronder vindt u voor elke meelsoort het meel dat AVEVE aanbeveelt.

Benaming	*AVEVE*
• Tarwebloem	• Boerenwit 927
• Tarwemeel	• Gedeeltelijk voltarwemeel 921
• Fijn volkorentarwemeel	• Boerenbruin 928
• Grof volkorentarwemeel	• Voltarwemeel grof 920
• Roggemeel	• Volroggemeel 547
• Fijn volkorenroggemeel	• Boerenrogge 929
• Speltmeel	• Speltbloem 901
• Grahammeel	• Masteluin 937

Producten van AVEVE vindt u in alle verkooppunten van AVEVE en COVEE. Voor de verkooppunten in uw buurt bel gratis 0800/940 29 (België) of 0800/022 92 10 (Nederland). U kunt eveneens Internet raadplegen op het volgende adres: http://www.aveve.be/soezie.

Originele titel: *Brotbackautomat* (Brigitte Fischer/Rose Marie Donhauser)
© MCMXCVII W. Ludwig Verlag in der Südwest Verlag GmbH & Co. KG, München.
Alle Rechte vorbehalten.
© Zuidnederlandse Uitgeverij N.V., Aartselaar, België, MCMXCVIII. Alle rechten voorbehouden.

Deze uitgave door: Deltas, België-Nederland.
Nederlandse vertaling: Sandra Aerts
D-MCMXCVIII-0001-299
Gedrukt in België
NUGI 421